LE REIKI EXPLIQUÉ

Tout comprendre des 5 préceptes
et de leurs enseignements au quotidien

Édition : Pauline Ferlay
Préparation de copie : Bleuenn Jaffres
Relecture : Émilie Marquet
Design graphique et mise en pages : Mathilde Battini
Fabrication : Anne-Laure Soyez

Contact : support@lelotusetlelephant.com

Dépôt légal : juin 2024
ISBN : 978-2-01-724157-7 / 02
10-0974-8

Achevé d'imprimer en Franc en avril 2025.

LE REIKI EXPLIQUÉ

Tout comprendre des 5 préceptes
et de leurs enseignements au quotidien

Préface de Frans Stiene

Christelle Rosset

Le lotus & l'éléphant

SOMMAIRE

PRÉFACE p.6

INTRODUCTION p.8

Comment la découverte du Reiki a changé ma vie... et celle de mon entourage p.8
Les préceptes : l'esprit même du Reiki p.13
Pour dissiper les malentendus... .... p.15

LES FONDATEURS DES PRÉCEPTES ET LEUR ORIGINE JAPONAISE p.19

L'histoire inspirante de Mikao Usui p.19
Le système du Reiki : une philosophie de vie p.23

LES PRÉCEPTES PAS À PAS p.27

Kyo Dake Wa : « Juste pour aujourd'hui » p.28
Premier précepte : *Ikaru Na,* « Je ne porte pas la colère » p.36
Deuxième précepte : *Shinpai Suna,* « Je ne me fais pas de soucis » p.59
Troisième précepte : *Kansha Shite,* « Je suis humble »/ « Je suis la gratitude » p.82
Quatrième précepte : *Gyo o Hageme,* « Je suis authentique sur mon chemin de vie» p.114
Cinquième précepte : *Hito Ni Shinsetsu Ni,* « J'ai de la compassion pour moi... et pour les autres » p.138
Quelques écueils à éviter dans la pratique des préceptes p.158

LES PRÉCEPTES EN PRATIQUE EN PARLER C'EST BIEN, EXPÉRIMENTER C'EST MIEUX ! p.161

Méditations p.162
Méditer avec un précepte identifié p.168
Méditer avec les cinq préceptes p.170
Méditation du matin p.173
Méditation du soir p.175
En cas de douleurs physiques p.176
Autres autosoins et pratiques avec les préceptes p.178
Exercer votre créativité avec les préceptes p.181

CONCLUSION p.184

PRÉFACE

Christelle Rosset a écrit un livre extraordinaire sur l'exploration des préceptes du Reiki dans le système du Reiki. Les préceptes sont la base du système du Reiki et, pourtant, ils ne sont souvent pas élaborés ou explorés au maximum par de nombreux enseignant·e·s et maîtres Reiki. Je suis donc très heureux de lire un livre comme celui-ci. Dans cet ouvrage, vous explorerez les couches profondes de chaque précepte, comment travailler avec eux et comment les mettre en œuvre dans votre vie quotidienne, car c'est seulement en les mettant en œuvre au quotidien que nous sommes Reiki dans tout ce que nous faisons. Comme Mikao Usui l'a déclaré : aujourd'hui.

Ce qui est merveilleux, c'est que Christelle s'est inspirée de sa propre expérience de vie, de l'enseignement et de la pratique du système du Reiki. Il ne s'agit pas de paroles en l'air, mais d'écrits provenant du plus profond de son esprit, de son corps et de son énergie. C'est pourquoi ces mots résonneront profondément dans votre esprit, votre corps et votre énergie.

Ce type d'enseignement est nécessaire dans notre monde actuel, pour aider l'humanité à être plus compatissante et plus aimante. C'est pourquoi, elle a également placé des pratiques de méditation très spécifiques dans son beau livre. Nous apprenons de trois manières différentes : nous lisons d'abord quelque chose, puis nous contemplons ce que nous avons lu et, enfin, la dernière étape, la plus importante, consiste à l'intégrer dans notre être tout entier par le biais de pratiques de méditation. Christelle a ainsi créé un livre de Reiki essentiel, non seulement pour les étudiant·e·s débutant·e·s en Reiki, mais aussi pour les praticien·ne·s, les maîtres et les enseignant·e·s Reiki. Cependant, ce n'est pas tout, ce livre est également un guide pour les personnes qui n'ont aucune idée de ce qu'est le système du Reiki, un guide pour aider les gens à mener une vie sans colère ni inquiétude, une vie plus reconnaissante, plus fidèle à notre voie et à notre être, et plus compatissante envers nous-mêmes et les autres.

Je recommande vivement ce livre à celles et ceux qui souhaitent mener une vie meilleure et plus saine.

Frans Stiene

Auteur de *La Voie du Reiki – Vivre et incarner les préceptes spirituels de sa pratique* et *The Inner Heart of Reiki & Reiki Insight*
Haarlem Holland
February 2024

Un art de vivre, de cultiver mon énergie, un manuel d'amour de soi (donc des autres).

Un chemin fait par soi au cœur de soi pour (re)découvrir l'être paisible, lumineux·se, aimé·e et aimant·e que je suis.

INTRODUCTION

COMMENT LA DÉCOUVERTE DU REIKI A CHANGÉ MA VIE... ET CELLE DE MON ENTOURAGE

C'est un peu par hasard - ou par magie, cela dépend du point de vue - que j'ai découvert le Reiki.

Cela faisait plusieurs années que je me formais à différentes techniques pour réaliser des soins énergétiques. Certaines d'entre elles m'avaient beaucoup aidée à me soigner personnellement et j'avais à cœur de faire connaître ces méthodes, peu connues en France. Curieuse de comprendre comment ces soins « opéraient », j'avais notamment choisi un cursus dans lequel étaient enseignées l'anatomie et la physiologie ; je dois bien le reconnaître, j'avais aussi besoin de me rassurer : mon esprit disons « rationnel » voulait éviter de faire des « trucs de sorcières trop barrés ». C'est du moins comme ça que j'appelais à l'époque tout ce que je ne pouvais expliquer. J'ai fait du chemin depuis...

Alors que j'appliquais à la lettre les protocoles qui m'étaient enseignés (avec de bons résultats pour les personnes qui venaient me consulter), je constatais parfois que l'énergie « appelait » mes mains à rester plus longtemps sur certaines zones du corps ou à se positionner sur d'autres organes ou points réflexes que ce qui était préconisé. J'interrogeai mon formateur, qui m'expliqua qu'il fallait s'en tenir aux protocoles.

J'obtempérai, même si une des personnes qui suivaient le cursus, une femme expérimentée qui pratiquait les soins depuis de nombreuses années, recommanda qu'il était aussi important d'apprendre à écouter son intuition (ou celles de ses mains). Il est parfois utile de se détacher des protocoles pour laisser la vie et l'énergie circuler librement. Je sentis la sagesse de sa remarque, sans que j'aie encore la confiance suffisante pour oser prendre cette liberté.

Les cours d'anatomie et de physiologie interminables des lundis et mardis de 20 heures à 22 heures pendant cinq mois ont eu raison de l'élève studieuse qui voulait tout savoir et tout comprendre. Après près d'une centaine d'heures à apprendre des pages et des pages par cœur, mon pragmatisme a refait surface : en quoi ces informations, certes très précieuses pour un·e docteur·e, un·e kinésithérapeute ou un·e ostéopathe, allaient-elles m'être utiles à moi ?

Savoir expliquer comment bouge un muscle, à quels os il est relié et de quelles protéines il a besoin pour bien fonctionner n'allait pas m'aider à savoir pourquoi, quand je posais mes mains sur le corps d'une personne qui venait me consulter, elle se sentait soulagée et ne ressentait presque plus de douleur au bout d'une semaine. Je ne pouvais l'expliquer, je pouvais juste constater ces petits « miracles » lorsqu'ils se produisaient et en être reconnaissante. Je sentais alors que ce n'est pas l'intelligence analytique qui œuvrait mais l'intelligence du corps et je choisis d'apprendre à l'écouter et à la laisser faire.

TOUT EN APPRÉCIANT LES ENSEIGNEMENTS QUI M'ÉTAIENT DONNÉS, JE RÉALISAI QUE J'ÉTAIS EN TRAIN DE ME BOURRER LE CRÂNE D'INFORMATIONS QUE J'ALLAIS VITE OUBLIER ALORS QUE JE PRESSENTAIS QU'IL ME MANQUAIT QUELQUE CHOSE, UN « JE NE SAIS QUOI », QUI NE M'ÉTAIT PAS ENSEIGNÉ.

Un jour, allongée sur mon lit à pester contre cette formation que je trouvais de plus en plus rigide, mon regard fut attiré par un petit livre sur les thérapies alternatives que mon frère m'avait acheté le Noël précédent : je l'avais rangé dans la bibliothèque et je l'avais oublié. Je le pris dans les mains et il s'ouvrit à la page consacrée au Reiki. Je ressentis une vive joie enfantine s'emparer de moi avec une sensation de pétillements dans tout mon corps, élan d'enthousiasme aussitôt bridé par mon cher mental : « C'est quoi, ça, le Reiki ? Un truc de gourou, non ? »

En France, la voie japonaise du Reiki est assez peu connue. En général, soit on n'en a jamais entendu parler, soit on réduit le Reiki à un type de soin énergétique, soit on en a une mauvaise image — je faisais partie de la troisième catégorie. J'avais eu des échos de maîtres Reiki qui étaient vraiment dans l'ego et le pouvoir. Iels se présentaient comme des guérisseurs.ses dont notre santé et notre bien-être dépendaient. Ce n'était clairement pas ma vision du processus de guérison à l'époque et encore moins aujourd'hui.

Je laissai donc de côté le livre quelques jours mais une chose m'incita à y revenir : je sentais remonter, de temps en temps, cet élan d'enthousiasme que j'avais eu en l'ouvrant, un peu comme ce que l'on ressent quand on tombe amoureux·se. C'était tellement particulier et vibrant que même mon mental tonitruant ne pouvait l'ignorer.

Je tapai « Reiki » sur mon moteur de recherche et je découvris le site de Kathryn Hudson, maître-enseignante Reiki, étudiante de Frans Stiene : là encore, un sentiment de joie intense me traversa en lisant sa présentation. Cela devint évident, il fallait que je la rencontre, que je laisse de côté mes *a priori* et que je me forme. Après tout, qu'avais-je à perdre ?

Lors d'une première initiation en 2018, je découvris la richesse et les spécificités du Reiki. On était bien loin de mes idées reçues. Tout y était pour :

- cesser de donner mon pouvoir aux autres (l'inverse d'un embrigadement par un·e gourou, n'en déplaise à mon mental) ;
- reprendre la responsabilité de mes pensées et de mes émotions ;
- apprendre à écouter et faire confiance à mon intuition (et tout le monde a de l'intuition !) ;
- parvenir à conserver et amplifier mon énergie ;
- gagner en état de présence, en ancrage et en alignement ;
- retrouver mon être authentique et me laisser guider par lui.

La découverte des préceptes me séduisit tout de suite. J'en aimai la clarté et la simplicité. J'en pressentais la sagesse même si je voyais bien que, entre la théorie et la pratique, il y aurait sans doute un peu de travail !

JE SENTAIS BIEN, INTUITIVEMENT, QUE QUELQUE CHOSE N'ÉTAIT PAS ALIGNÉ POUR MOI, MAIS LE FAIT DE TOUT PASSER AU TAMIS DES PRÉCEPTES M'AIDA À MIEUX COMPRENDRE CE QUI SE JOUAIT POUR MOI.

Grâce aux méditations quotidiennes, j'appris à accueillir sans jugement mes pensées et émotions – cela ne s'est pas fait en un jour – et je gagnai jour après jour en clarté. Cela m'aida à oser prendre une décision difficile pour mon mental mais parfaitement adaptée pour mon être authentique : j'interrompis mon cursus. Malgré beaucoup de frustration et de nombreuses peurs, je savais qu'il était temps pour moi de suivre d'autres enseignements. J'en sortis pleine de gratitude pour tout ce qui m'avait été enseigné lors de cette première formation. J'avais appris à contacter un corps de manière délicate et appropriée. J'avais intégré des protocoles précieux, issus de la sagesse ayurvédique, dont j'avais pu mesurer les bénéfices très concrètement. J'avais découvert la pratique de la relation d'aide qui m'a tellement servie à tisser depuis une alliance fine et soutenante avec mes consultant·e·s et même à pacifier mes liens avec les autres en général. Mon plus grand apprentissage, c'est sans aucun doute d'avoir eu l'occasion de me positionner en adulte souveraine qui sait ce qui est bon pour elle, l'exprime sans se censurer ni imposer sa vérité aux autres.

La pratique assidue des préceptes du Reiki et du système en général me permit de transformer en opportunité cette situation que mon mental aurait perçue avant comme une mauvaise expérience.

Je sentis alors clairement que j'avais trouvé ce « je ne sais quoi » qui me manquait : ce n'était pas tant que j'allais apprendre à « faire » quoi que ce soit de plus mais à cultiver un état d'« être » particulier, un état d'esprit qui a le pouvoir d'entretenir mon énergie vitale, donc de rendre ma vie plus joyeuse, plus fluide et plus paisible.

J'ai suivi pendant deux ans les enseignements de Kathryn Hudson, qui m'a fait rencontrer la même année son maître Reiki, Frans Stiene, cofondateur de la International House of Reiki. Depuis, j'ai eu la chance de suivre les stages, les retraites et les sessions en ligne de ce grand enseignant, qui a plus de trente ans d'expérience dans le domaine.

En appliquant les préceptes à ma vie quotidienne, mes intuitions se confirmèrent et je me sentis à ma place : j'étais enfin fidèle à mon être et en congruence avec ce que je mettais en action. Bien plus que des outils pour FAIRE des soins, j'ai découvert des pratiques personnelles pour ÊTRE en meilleure santé moi-même, pour ÊTRE une meilleure thérapeute et surtout pour ÊTRE une meilleure personne.

En effet, je constatai bien vite que, si le système du Reiki était une grande aide dans mon travail d'accompagnatrice holistique, il avait en réalité une incidence beaucoup plus large, touchant tous les domaines de ma vie.

La première personne qui en fut le témoin est mon compagnon de l'époque : j'étais plus centrée, plus à l'écoute, je me faisais moins de souci, j'étais moins en colère, je prenais ma juste place, je rayonnais davantage de gratitude, d'authenticité et de compassion pour moi et les autres. Pour le dire autrement, j'étais plus paisible, plus confiante en moi et en la vie. Le constatant, il n'avait qu'une hâte : se former à son tour, ce qu'il fit.

C'est pour mieux faire connaître ces précieux outils que j'ai eu envie d'écrire ce livre. La pratique du Reiki m'a tellement aidée à me simplifier la vie, j'aurais aimé découvrir tout cela plus tôt.

Je suis convaincue que cette sagesse mériterait d'être transmise aux enfants dès leur plus jeune âge pour qu'iels puissent conserver cette lumière et cette authenticité originelles au lieu de se rapetisser, comme tou·te·s les adultes l'ont fait, finissant par oublier leur véritable nature, leur lumineuse puissance, leur « grande lumière brillante », comme le dit Mikao Usui.

Je fais le vœu que cet ouvrage vous rappelle à votre nature véritable et vous permette de retrouver votre vous authentique joyeux, lumineux et plein d'énergie.

> *« Ta tâche n'est pas de chercher l'amour, mais simplement de chercher et trouver tous les obstacles que tu as construits contre l'amour. »*
>
> Djalâl-od-Dîn Rûmi

LES PRÉCEPTES : L'ESPRIT MÊME DU REIKI

Cet ouvrage se concentre sur ce qui fonde la voie japonaise du Reiki : les préceptes.

Ils constituent la pierre de voûte d'un système qui s'appuie sur cinq piliers :

- les préceptes ;
- la méditation ;
- les soins et autosoins ;
- les mantras et les symboles ;
- le Reiju.

En plongeant au cœur des préceptes et en les pratiquant, vous allez découvrir l'essence du Reiki, qui nous rappelle, au fond, l'essence de ce que nous sommes vraiment.

Le Reiki nous révèle à notre nature véritable.

Quelle est-elle ? Nous sommes la non-colère, le non-souci, nous sommes l'humilité, la gratitude, l'authenticité et la compassion...

Souvent, nous disons que c'est « humain » d'être en colère, de se faire du souci, mais, en réalité, ce n'est pas exact. Être humain, c'est être sensible, faire preuve d'indulgence, de compréhension, de compassion. Être humain, c'est qui nous sommes quand notre ego, notre mental et nos blessures ne s'en mêlent pas !

Nous avons donc besoin d'outils pour nous rappeler ce que nous sommes véritablement : un être de pur amour, de pure compassion, de pure lumière. Si, si, je vous assure.

IL N'EST PAS ANGÉLIQUE DE DIRE CELA : C'EST ACCESSIBLE SI NOUS PRATIQUONS SÉRIEUSEMENT ET RÉGULIÈREMENT.

Si une lampe a une puissance de cent watts, peu importe le nombre d'abat-jours que nous lui mettons dessus, elle rayonne toujours à cent watts, n'est-ce pas ? Toutefois, il est vrai que, s'il y a cinq, dix ou cent cinquante abat-jours, la lampe peut donner l'apparence d'être moins brillante.

La lampe de cent watts, c'est l'humain en nous, c'est la lumière que nous sommes ; les abat-jours, ce sont la colère, les soucis, le manque de gratitude, d'humilité, d'authenticité et de compassion.

Le Reiki nous permet de nous rappeler que nous ne sommes pas les abat-jours mais la lampe. Ce système, avec ses pratiques, nous aide à ôter un à un ce qui fait de l'ombre à qui nous sommes vraiment afin de briller à nouveau à cent pour cent notre humanité.

| POUR DISSIPER LES MALENTENDUS...

Contrairement à ce que j'entends souvent dans certains courants du système du Reiki, les pratiques ne transmettent pas de l'énergie ou de la lumière qui viendraient de l'extérieur et auxquelles seul·e·s les maîtres-enseignant·e·s auraient accès. Elles nous aident à enlever, nous-mêmes, les abat-jours qui nous empêchent de reconnaître notre propre lumière intérieure et de la rayonner pleinement. C'est aussi simple que ça.

Le rôle de l'enseignant·e est de guider l'étudiant·e sur son chemin d'autoguérison, c'est-à-dire sur le chemin vers sa propre lumière intérieure. Il n'y a pas de guérison, il n'y a que des autoguérisons. En cela, le Reiki n'est pas une pratique de guérisseur·se.

Nous n'avons pas besoin d'aller chercher à l'extérieur de nous une énergie dite « Reiki » qui viendrait nous aider à guérir : nous SOMMES cette énergie, nous SOMMES le Reiki. Cela peut sembler conceptuel et difficile à comprendre dans un premier temps mais, dans ce livre, je propose de vous guider, pour que vous puissiez en faire l'expérience concrète par vous-même.

L'enseignant·e ne peut pas faire ce chemin à la place de l'étudiant·e, iel n'en a ni le pouvoir ni les prérogatives, et c'est parfait ainsi. Nous ne dépendons pas de quelqu'un·e pour nous « donner » la lumière et l'énergie dont nous avons besoin et dont nous nous croyons en manque. En revanche, je vous conseille de vous faire accompagner pour faciliter votre transformation. Avoir un·e guide qui a déjà cheminé nous fait gagner du temps : nous profitons de son regard, de son expertise, de son expérience et c'est nécessaire avant d'être complètement autonomes. C'est comme quand on apprend à jouer du violon, c'est plus simple avec un·e enseignant·e.

Cette compréhension est capitale : elle fait toute la différence puisqu'elle nous permet de reprendre notre pouvoir et notre responsabilité. Mikao Usui a créé des pratiques simples et accessibles pour nous y aider. Merci à lui. Je fais le vœu de transmettre au plus juste ses enseignements.

Ce qui rend légitime le·la maître-enseignant·e à accompagner d'autres personnes, c'est qu'iel suit lui·elle-même ce chemin intérieur et qu'iel s'occupe chaque jour de reconnaître et d'enlever ses propres abat-jours. Le·la maître n'est pas quelqu'un·e qui est « arrivé·e » mais quelqu'un·e qui est – et se sait être – toujours en chemin.

Vous reconnaîtrez un·e enseignant·e digne de ce nom non pas à travers le nombre de diplômes qu'iel affiche ou aux capacités extrasensorielles qu'iel a ou prétend avoir. Observez juste à quel point iel est humain·e dans le sens où nous l'avons précisé plus haut. Iel ne transmet pas les préceptes comme des concepts philosophiques théoriques mais iel a fait de ces préceptes un mode de vie à part entière (du moins du mieux possible, là où iel en est aujourd'hui).

J'ai la chance de suivre les enseignements de Frans Stiene depuis 2018. Il fait partie de ces enseignant·e·s qui ont eu la curiosité d'aller au Japon dans les années 1990 et de mener des recherches sur Mikao Usui et la philosophie qu'il prônait afin de faire la part entre les transmissions d'origine et les variations que les Occidentaux ont mises en place depuis.

Il continue de suivre des entraînements intensifs avec des maîtres-enseignant·e·s japonais·e·s : ce qu'il transmet est donc vibrant et vivant. Il n'enseigne pas uniquement à partir d'enseignements théoriques et il fait en sorte de vivre sa vie de manière congruente avec la sagesse transmise par le fondateur de ce véritable art de vivre. Pour avoir suivi ses cours et l'avoir côtoyé lors de nombreuses initiations et retraites depuis maintenant six ans, je vois bien qu'une pratique intensive fait toute la différence : cela se passe de mots, cela se vit.

En un peu plus d'une centaine d'années de transmissions du Reiki, le bouche à oreille a parfois délayé, modifié, adapté l'état d'esprit que Mikao Usui avait voulu transmettre et, à un endroit, c'est bien naturel. Il y a plusieurs lignées qui aujourd'hui se réclament des « véritables » enseignements du Maître et j'imagine que tout un chacun a l'impression – ou a besoin de croire – qu'iel détient la « vérité ». Chacun·e a le discernement de suivre la voie et les enseignements qui lui parlent le plus. Vous êtes souverain·e et votre propre maître en toutes occasions.

« Ne vous laissez pas guider par quoi que ce soit (simplement) parce que vous l'avez entendu dire.

Ne vous laissez pas guider par les traditions parce qu'elles ont été transmises de génération en génération.

Ne vous laissez pas guider par quoi que ce soit parce que la rumeur le colporte. Ne vous laissez pas guider par quoi que ce soit (simplement) parce que c'est écrit dans les livres religieux.

Ne vous laissez pas guider par le simple fait de l'autorité de vos enseignant·e·s ou de vos aîné·e·s.

Mais, après avoir observé et réfléchi, si vous trouvez que quelque chose est louable et qu'il conduit au bonheur et au bien de tout un chacun, alors pénétrez-vous-en et pratiquez-le. »

Gautama Buddha, *Anguttara Nikaya*

Ce que j'apprécie dans la lignée Usui Mikao Ryôhô à laquelle j'appartiens, c'est sa simplicité. Parmi toutes les formations que j'ai faites, je constate que plus c'est simple, plus c'est puissant.

Cette gymnastique des pensées et émotions est une des premières pratiques que Mikao Usui enseignait systématiquement à ses élèves tant tout ce que nous faisons découle de notre état d'esprit.

> *« La nature profonde des choses ne peut être vue que lorsque l'esprit est au repos. »*
>
> Shohaku Okumura

Si vers 1923 il en a ajouté d'autres (mantras, symboles...), c'était juste pour s'adapter aux besoins spécifiques de certain·e·s de ses élèves, leur donnant différents outils, presque des béquilles, pour parvenir à faire vivre les préceptes dans leur vie. Chaque pratique est une variation, une autre porte d'entrée qui pointe toujours vers les préceptes. C'est dire s'ils étaient importants à ses yeux.

Avec ce livre, je souhaite non seulement mettre à jour la puissance de cet enseignement simple et efficace, mais, pour que l'expérience soit totale, je vous propose surtout de vous guider pour que vous puissiez le vivre très concrètement dans votre vie quotidienne, si vous le choisissez.

LE FONDATEUR DES PRÉCEPTES ET LEUR ORIGINE JAPONAISE

L'HISTOIRE INSPIRANTE DE MIKAO USUI

La plupart des informations sur Mikao Usui nous proviennent de la stèle de sa pierre tombale, qui fut érigée en guise de mémorial en 1927 par ses élèves, soit un an après sa mort.

Hormis ces informations, nous disposons de peu de documents historiques avérés du fait de l'isolement du Japon avant son ouverture au monde sous l'influence de l'empereur Meiji. La culture assez secrète et les mœurs de la société japonaise ont parfois rendu difficilement accessibles les documents de première main : les élèves qui auraient vraiment étudié avec le maître et qui étaient encore vivant·e·s à l'époque refusaient ou avaient l'interdiction de transmettre leurs notes.

Ici, nous n'évoquerons que l'essentiel de sa vie et seulement ce qui est nécessaire pour mieux comprendre les préceptes et le système qu'il a fondé.

Mikao Usui est né le 15 août 1865 dans le village de Taniai, dans le comté de Yamagata de la préfecture de Gifu, au Japon.

Issu d'une famille de samouraïs, il étudie dès son plus jeune âge les arts martiaux et est élevé dans la tradition bouddhiste de l'école Tendai[1]. Ces deux arts ont largement inspiré la création de la Usui

---

1. L'école Tendai est l'un des deux courants majeurs du bouddhisme japonais : elle s'appuie notamment sur l'étude du Sutra du Lotus et la pratique de la méditation zen. Elle véhicule l'idée que la bouddhéité, la capacité d'atteindre l'illumination, est intrinsèque à toutes choses.

Reiki Ryôhô, sa méthode de guérison, qui s'appuie sur la connaissance des lois de l'énergie et des différentes façons d'entrer en rapport avec elle à la fois par l'esprit, la respiration et les soins avec les mains. Féru de poésie, Mikao Usui intègre également cet art à son système à travers les *waka*, de courts poèmes destinés à cultiver l'état de présence.

Il exerce le rôle de prêtre Tendai séculier (laïc) qui lui permettait de résider chez lui avec sa femme et ses deux enfants. Il a reçu des enseignements sur le Sutra du Lotus, qui donne un caractère sacré à la vie. Les méditations et pratiques qui en découlent constituent son quotidien.

Influencé également par le shintoïsme, comme tous les Japonais, il est sensible au fait que tout est *kami*, ce qui signifie que tout est *kami*, c'est-à-dire tout est Dieu, Dieu est en toute chose : les rochers, les arbres, le soleil, le vent, mais aussi les ancêtres, les animaux, les végétaux... Il ne s'agit pas du « Divin » en lien avec la religion, c'est plus une approche spirituelle qui voit la vie comme sacrée donc divine. C'est en ce sens que j'utiliserai ce mot dans ce livre.

L'HUMAIN EST LE DIVIN ET LE DIVIN EST L'HUMAIN, C'EST JUSTE LA FORME QUI CHANGE.

Selon le texte gravé sur sa stèle, Mikao Usui aurait élaboré le contenu de ces enseignements en 1922, lors d'une méditation sur le mont Kurama, non loin de Kyoto :

« Un jour, il gravit le mont Kurama et après vingt et un jours d'une discipline d'ascète, il sentit soudain un grand Reiki au-dessus de sa tête et atteignit l'Illumination. Il reçut aussi le Reiki Ryôhô. Il l'essaya sur lui-même puis sur les membres de sa famille, et son efficacité fut immédiate. »

Extrait de la stèle du mémorial
de Mikao Usui

Que l'on croie à cette « inspiration divine » ou non, la discipline et l'investissement quotidien dans la pratique du jeûne, des arts martiaux et de la méditation pendant plus de vingt ans sont sans doute tout autant à l'origine de cette « illumination » qui a amené Mikao Usui à transmettre ses connaissances et son expérience.

Des écrits montrent qu'il enseignait de manière moins formelle bien avant la formation de son école, la Usui Reiki Ryôhô Gakkai, en 1922. Il a commencé à transmettre en tête-à-tête, d'abord avec des membres de sa famille comme cela était l'usage au Japon à l'époque.

Je ne sais pas s'il « brillait dans le noir » ou s'il accomplissait les « miracles » que nous lui prêtons. Parfois, Mikao Usui est présenté comme un « Jésus moderne » qui accomplissait des miracles - des guérisons spontanées survenaient en sa simple présence ou par apposition des mains - mais j'invite à démystifier tout cela. Ce qu'il faut comprendre et retenir d'après moi c'est surtout que ses pratiques (préceptes et méditations) inspirèrent celleux qui voyaient qu'il vivait sans colère, sans souci, humble, authentique et plein de compassion. Iels observèrent que cela exerçait une influence sur son énergie, sur sa façon d'entrer en relation avec les autres et sur sa santé. Que c'est aussi cet état qui lui permettait d'opérer des traitements par les mains et d'aider ainsi l'énergie des autres à circuler pour améliorer leur bien-être, donc leur santé. Iels réalisèrent que la magie opérait non parce qu'il était un être élu et spécial mais parce qu'il savait entretenir et amplifier son énergie et qu'il s'y consacrait assidument. Iels eurent envie d'apprendre à leur tour à harmoniser leur énergie vitale pour être ou plutôt redevenir de meilleures personnes. C'est de cette Illumination-là qu'il est question.

Comme le dit l'écrivain et enseignant spirituel Eckhart Tolle, le terme « illumination » « évoque l'idée d'un accomplissement surhumain, et l'ego aime s'en tenir là. Mais l'illumination est tout simplement [n]otre état naturel, la sensation de ne faire qu'un avec l'Être[1] ».

Ce phénomène n'est pas aussi extraordinaire qu'il y paraît. S'il prend des allures magiques, il est pourtant réalisable dans la réalité ordinaire et par tous les êtres, pas seulement par des élu·e·s.

Imaginez que nous soyons des rivières et que l'eau (l'énergie) coule à flots. Nous vivons alors la pleine santé physique, émotionnelle et mentale.

Imaginez à présent que des rochers (les soucis), des branches (la colère), des détritus (le manque d'humilité, d'authenticité, de compassion) viennent entraver le cours de la rivière. L'eau (l'énergie) a de plus en plus du mal à s'écouler : parfois, cela crée des débordements en dehors du lit ou bien la rivière finit par s'assécher et seul un filet d'eau parvient à circuler (perte d'énergie voire maladies).

Imaginez qu'à côté de la rivière dévitalisée en survienne une autre où l'eau coule à flots (Mikao Usui ou quelqu'un·e qui a appris à déblayer sa propre rivière intérieure et s'y emploie chaque jour) et que cette dernière (lors d'un soin ou *via* les enseignements des préceptes) vienne s'allonger dans le lit de la rivière asséchée pour emmener avec elles les rochers, les troncs et les résidus qui empêchaient l'eau

---

1. Eckhart Tolle, *Le Pouvoir du moment présent. Guide d'éveil spirituel*, traduit de l'anglais (États-Unis) par Annie J. Ollivier, Paris, J'ai Lu, 2010.

de circuler : le flot – le mouvement de la vie – pourrait retrouver toute sa vivacité.

C'est ce qui se passe quand nous recevons un soin dit « Reiki » ou lorsque nous pratiquons les préceptes : nous permettons à notre énergie vitale de (re)circuler librement. Cela nous aide à retrouver notre énergie, notre enthousiasme et notre paix.

Les pratiques enseignées par Mikao Usui visent à nous aider à entretenir notre rivière intérieure ; grâce à sa pratique quotidienne, il s'est souvenu que divin et humain provenaient de la même source primordiale : l'énergie universelle. Pour être ou redevenir cette énergie pure, il a déblayé tout ce qui l'empêchait d'être pleinement humain : la colère, les soucis, le manque d'humilité et de gratitude, le manque d'authenticité et de compassion. Alors, il a fait l'expérience de l'Illumination en incarnant vraiment sa dimension divine dans la matière.

La démarche de Mikao Usui est avant tout un cheminement spirituel avant d'être une technique de guérison pour traiter les problématiques physiques ou émotionnelles. Les éventuelles guérisons dans la matière ne sont pas le but de la pratique mais elles en découlent parfois – et même souvent.

Pour lui, la véritable autoguérison n'est pas physique, elle est de se souvenir qui nous sommes vraiment, de cesser de nous identifier à notre corps, à notre ego, à nos blessures et à nos limitations.

LE SYSTÈME DU REIKI : UNE PHILOSOPHIE DE VIE

Le terme « Reiki » est japonais. Le kanji *Rei* signifie « spirituel », « sacré », « universel ». Le kanji *Ki* signifie « énergie ». Nous pouvons donc traduire *Reiki* par « énergie universelle ou spirituelle ». En ce sens, tout est Reiki : les êtres humains, les animaux, les végétaux, les minéraux... Tout est fait d'énergie, nous provenons tou·te·s d'une même source d'énergie, matérialisée sous des formes différentes.

En Occident, le mot « Reiki » s'est mis à désigner le système mis en place par Mikao Usui mais c'est un raccourci qui a donné lieu à certains malentendus. Cela n'a pas de sens de dire que nous « faisons du reiki ». Nous ferions de l'« énergie universelle » ? Non, nous pratiquons les enseignements qui s'appuient sur la connaissance des lois de l'énergie transmises par le maître japonais et bien d'autres avant lui :

- tout est énergie, tout est interrelié, nous formons un tout : les êtres humains, les animaux, le monde, l'univers… ;
- l'énergie semble invisible et insaisissable, pourtant elle est partout et englobe tout, elle est la source de toute vie ;
- l'énergie universelle est inépuisable, elle est en mouvement et circule à travers nous : nous ne pouvons pas la créer ni la détruire mais nous pouvons apprendre à la faire circuler ;
- l'énergie suit nos pensées ;
- l'énergie vitale primordiale est accessible et vivace dans l'instant présent…

Mikao Usui s'est inspiré des préceptes bouddhistes pour rédiger les siens : il a puisé dans les multiples enseignements qu'il a reçus et qui l'aidaient le plus à (re)devenir humain, c'est-à-dire sans colère, sans souci, humble, plein de gratitude, authentique et plein de compassion. Les outils nous aident à être ce que nous sommes véritablement, à retrouver nos ressources profondes.

SOUVENT, LE REIKI EST DÉCRIT COMME UNE ÉNERGIE EXTÉRIEURE À NOUS QUE NOUS POUVONS CANALISER (SEULEMENT) APRÈS AVOIR REÇU DES ENSEIGNEMENTS ET INITIATIONS QUI NOUS DONNERAIENT LE « POUVOIR » D'ENTRER EN CONTACT AVEC CETTE ÉNERGIE. CE N'EST PAS DU TOUT CELA.

Nous SOMMES cette énergie.

Nous n'avons pas besoin d'aller à l'extérieur de nous pour la chercher. Nous n'avons pas besoin d'un *kami*, un dieu extérieur qui viendrait nous sauver, nous sommes ce dieu. Notre petit mental ne peut imaginer que nous soyons cette « grande lumière brillante » : c'est pourtant ainsi que Mikao Usui nomme métaphoriquement notre véritable nature.

Nous nous croyons séparé·e·s de l'énergie universelle et donc nous nous croyons séparé·e·s des autres êtres humains, des animaux, des végétaux, des mort·e·s, de l'océan... parce que nous avons des « formes » différentes. Pourtant, du point de vue vibratoire, du point de vue de la réalité absolue, nous sommes UN.

Dans les temples, au Japon, de nombreuses déités sont représentées en doré. Il est de coutume de méditer devant ces statues ou ces tentures pour contempler et entrer en rapport avec le Divin. Nous procédons ainsi car il est plus facile d'imaginer le Divin hors de soi, mais ces représentations ont pour vocation de nous rappeler que ces *kamis*, c'est nous. Nous avons besoin de voir au-delà de nos corps et des apparences, nous sommes une étincelle du Divin incarné et en cela nous sommes puissant·e·s. Il ne s'agit pas de se prendre pour des dieux·déesses dans la façon dont certains ego aiment s'en emparer, il s'agit juste de reconnaître que nous avons en nous la force de la création, de l'amour et l'autoguérison.

Cette conception de la vie, du Vivant, modifie considérablement notre façon de vivre. Si nous ne nous voyons plus comme séparé·e·s, nous cessons de croire que nos problèmes viennent des autres (puisque l'autre, c'est nous) et nous pouvons sereinement commencer un travail sur nous-mêmes. Nous arrêtons d'aller « voler » inconsciemment l'énergie aux autres car nous savons que nous pouvons puiser à notre propre source. Nous cessons d'exploiter la planète puisque nous sommes la planète...

Le système du Reiki ne vise donc pas la canalisation d'une énergie extérieure mais nous aide à entretenir notre propre énergie vitale, ce qui est à la fois notre prérogative et notre responsabilité. Mikao Usui pointe tout ce qui peut entraver ou diminuer notre flux de vie car c'est ce qu'est l'énergie. Pour le dire autrement, il nous enseigne comment dégager les pierres et les troncs d'arbres qui encombrent notre rivière intérieure.

Fort de l'inspiration qu'il a reçue sur le mont Kuruma et de toutes ses pratiques, il a mis au point le système du Reiki pour nous aider à rester en énergie. Il s'appuie sur cinq piliers :

- les préceptes : salle de gymnastique énergétique de nos pensées et émotions pour entretenir notre énergie vitale, lignes directrices pour atteindre l'Illumination, à savoir retrouver notre grande lumière intérieure pour être pleinement humain·e·s ;
- la méditation pour synchroniser le corps, l'esprit et le souffle afin de gagner en clarté et en vérité avec nous-mêmes ;
- les soins et autosoins en posant (ou non) les mains sur le corps ;
- les mantras et symboles pour faciliter notre concentration et nous aider à nous souvenir que nous sommes *kamis* ;
- le Reiju : rituels/soins d'initiation pour nous aider à nous approprier les autres pratiques et à clarifier notre rivière intérieure.

Les quatre derniers piliers pointent tous vers la pratique des préceptes, qui posent les fondations du système du Reiki : notre énergie vitale dépend avant tout de notre état d'esprit ; en toutes circonstances, c'est lui qui va déterminer notre niveau d'énergie.

Si nous méditons, faisons un soin ou un autosoin, chantons des mantras, dessinons des symboles ou initions un Reiju et que nous sommes en colère, en train de nous faire du souci, si nous manquons d'humilité, de gratitude, d'authenticité ou de compassion, toute notre pratique va être erronée et notre énergie va être affectée.

C'est en cela qu'intégrer les préceptes dans notre vie quotidienne est primordial : ils nous permettent de vérifier si notre pratique est correcte. Si elle ne l'est pas, avec conscience, c'est-à-dire sans jugement et sans culpabilité, nous pouvons la réorienter pour prendre soin de notre énergie vitale au mieux pour nous, aujourd'hui.

LES PRÉCEPTES PAS À PAS

Les préceptes ne sont pas de simples mots ou des affirmations positives, ils sont une expérience à vivre. Ils contribuent à une meilleure hygiène des pensées :

- en nous aidant à nous focaliser sur ce qui nous met en énergie ;
- en identifiant ce qui nous en fait perdre.

Ils nous guident et nous rappellent ce qu'est être « humain·e ». Pour cela, ils nous indiquent ce que nous ne sommes pas :

- nous ne sommes pas la colère ;
- nous ne sommes pas les soucis.

Puis mettent en avant notre véritable nature :

- nous sommes humbles, plein·e·s de gratitude ;
- nous sommes authentiques ;
- nous sommes la compassion.

Tout le reste nous éloigne de notre essence : les préceptes nous aident à la retrouver. Ce sont des lignes directrices pour enlever les abat-jours qui nous empêchent de la rayonner.

Pour vivre véritablement les préceptes, il est important, dans un premier temps, d'en saisir le sens – ou plutôt les différents niveaux de sens. Ainsi, nous pouvons nous les approprier au mieux et plus concrètement dans la vie quotidienne.

Plus nous pratiquons chaque jour sur de petits sujets, dans des situations qui n'ont pas trop de répercussions, plus ce sera facile de les vivre quand la vie nous mettra davantage à l'épreuve – et elle le fera !

KYO DAKE WA : « JUSTE POUR AUJOURD'HUI »

Kyo dake wa, que nous pouvons traduire par « Juste pour aujourd'hui », n'est pas un précepte à proprement parler : cette formule introduit chaque précepte pour en faciliter l'accès et la manifestation.

Elle renferme cependant déjà plusieurs enseignements :

- **Être dans l'instant présent pour préserver notre énergie donc notre santé sur tous les plans**

Aujourd'hui, la science reconnaît les bienfaits de la pleine présence et son effet sur notre bien-être physique, mental et émotionnel mais aussi sur notre santé. En observant pendant des mois des méditant·e·s – IRM à l'appui –, des scientifiques ont pu mettre en évidence l'effet positif de cette pratique sur le cerveau et donc tout ce qui concerne la mémoire, le vieillissement des cellules, la douleur, le contrôle émotionnel, les prises de décisions et j'en passe.

Eckhart Tolle l'a merveilleusement bien expliqué dans *Le Pouvoir de l'instant présent* : « Rien n'existe à part l'instant présent. »

La paix, l'amour, la joie ne se vivent que dans le présent.

Quand nous sommes pleinement présent·e·s, nous sommes relié·e·s à l'ensemble des possibles et à une énergie illimitée. Inversement, quand notre esprit rumine le passé ou s'inquiète pour l'avenir, nous en ressortons épuisé·e·s. Nous en faisons tou·te·s l'expérience mais nous avons du mal à nous libérer de cette mauvaise habitude.

> *« La pensée involontaire et compulsive occasionne une sérieuse perte d'énergie vitale. Elle est en fait une accoutumance. Et qu'est-ce qui caractérise une habitude ? Tout simplement le fait que vous sentiez ne plus avoir la liberté d'arrêter. Elle semble plus forte que vous. »*
>
> Eckhart Tolle,
> *Le Pouvoir du moment présent*

Les jeunes enfants sont de grands maîtres. Iels semblent inépuisables. C'est parce qu'iels vivent dans le présent et aussi parce qu'iels se laissent vivre pleinement leurs émotions.

■ Une philosophie des petits pas

Bien que clairs et simples, les préceptes ne sont pas toujours faciles à appliquer pleinement dans le quotidien. La formule « Juste pour aujourd'hui » nous invite à concentrer notre attention/intention (de ne pas porter la colère, de ne pas se faire de souci) juste pour aujourd'hui, parfois même « juste pour une heure » et même « juste pour cinq minutes ».

En effet, quand le vélo de nos pensées se met à tourner en boucle, nous détacher du souci, de la peur ou de la colère peut nous sembler tout bonnement infaisable.

Face à ce qui nous met en colère ou nous cause du souci, cette formule nous encourage à nous octroyer « juste un moment », limité dans le temps (c'est donc accessible !), pour entrer en rapport avec la non-colère, le non-souci ou, le cas échéant, à ce qui nous empêche d'y avoir accès.

Cela nous donne un espace d'observation où nous cessons de nous identifier à l'émotion qui nous traverse. Nous nous accordons ainsi une pause, une écoute intérieure objective (c'est-à-dire sans jugement) qui favorise l'accueil de ce qui est là pour nous. Sans l'étiqueter avec les mots « bien », « mal », « agréable », « désagréable »...

Cela nous offre la possibilité d'un détachement, voire d'un lâcher-prise, juste pour quelques instants. Là, dans ce silence, la paix et la joie de l'Être peuvent émerger, quelles que soient les circonstances. Nous pouvons devenir le·la témoin bienveillant·e de ce qui nous traverse.

Plus nous vivons, ne serait-ce que quelques instants, la non-colère, le non-souci, l'humilité, l'authenticité, la compassion, plus ce sera facile de les vivre quelques heures, une journée, plusieurs jours, des semaines, des mois, voire, avec de la pratique, des années entières.

ASTUCE

TRUC POUR REVENIR À AUJOURD'HUI, ICI ET MAINTENANT

Quand j'ai du mal à rester dans le présent, plutôt que de me flageller, je pense à une astuce amusante que m'a transmise Siegfried Haehne, praticien en chamanisme : « Imagine que tu te tiens debout un pied dans le passé, un pied dans le futur. Résultat ? Tu pisses sur ton présent ! »

Cet aphorisme m'aide à redescendre sur terre vite et bien. Impossible de le formuler sans sourire : franchement, qui a envie de pisser sur son présent ? Avec légèreté et joie, ma petite fille intérieure apprécie le côté irrévérencieux de la formule.

Le rire est un moteur très puissant et permet de se jouer de l'ego, qui se prend souvent trop au sérieux. Cela aide à prendre du recul instantanément et à rediriger les pensées sans autojugement.

Ainsi, vous constatez ce que vous êtes en train de faire, vous y mettez de la conscience, vous pouvez donc revenir, juste pour aujourd'hui, à l'ici et maintenant.

Comme on dit, ce qui est vu est sauvé. Au début, vous constaterez beaucoup d'allers-retours dans vos pensées et c'est parfaitement normal. Il ne s'agit pas d'essayer de stopper le flux de vos pensées, cela est impossible et cause plus de stress que cela n'en enlève. Il s'agit d'accepter votre tendance à vous échapper du présent pour mieux y revenir.

ASTUCE
LA MAGIE DE LA GRATITUDE

Chaque fois que vous constatez que vous vous êtes égaré·e dans le passé ou le futur – autrement dit chaque fois que votre mental a pris les commandes –, dites-vous « Merci » ou « Bonjour » lorsque vous revenez dans le présent.

L'énergie de la gratitude est très puissante pour ancrer la pratique et être plus en paix, nous en reparlerons (voir « Troisième précepte », page 82).

Cela a également l'avantage d'éviter le risque d'autoflagellation chaque fois que vous vous perdez dans vos pensées : « Oh non, j'étais encore en train de ressasser le passé ou d'imaginer le pire pour l'avenir, quel·le idiot·e ! »

À un moment, c'est simple : choisissez-vous de vivre plus de gratitude dans votre vie ? Ou voulez-vous créer plus de jugement ? Cela commence en sélectionnant vos pensées : si vous choisissez de vous focaliser avec gratitude sur le moment où vous revenez en état de présence plutôt que de vous invectiver parce que vous l'avez quitté un instant, vous faites un pas vers le véritable être humain que vous êtes, qui est pure compassion (cinquième précepte). C'est un pas de plus vers l'illumination.

Tiens, d'ailleurs, quand vous revenez dans l'ici et maintenant, vous pourriez même vous dire :

« Un pas de plus vers l'illumination ! »

Et pourquoi pas ? Ajoutez-y un peu d'humour, il ne s'agit pas de se prendre trop au sérieux mais de s'encourager, et le rire est un moteur puissant.

■ Aujourd'hui, c'est-à-dire en fait tous les jours

Si la philosophie des petits pas vise à nous encourager à persévérer sans nous mettre une pression excessive, l'objectif est bel et bien de cultiver les préceptes et de les intégrer dans notre vie, vingt-quatre heures sur vingt-quatre.

Méditer dix minutes par jour en ouvrant un espace de non-colère, de non-souci, d'humilité, d'authenticité et de compassion est honorable, mais l'idée est de le vivre dans toutes les situations et dans toutes nos relations : en famille, au travail, dans les transports en commun, au quotidien... ce qui est, vous en conviendrez, autrement plus exigeant.

Aussi, s'offrir une retraite pour méditer en pleine nature, loin des soucis habituels, c'est régénérant et vivifiant et c'est très bon d'y goûter quand nous en ressentons le besoin. Toutefois, la proposition n'est pas de s'extraire du monde et de ce qui nous contrarie. L'idée est d'apprendre à vivre autrement ce qui nous aliène, donc ce qui entrave notre énergie vitale.

Pour cela, la clé est de prendre le temps de revenir vers soi, le véritable soi, le plus régulièrement possible. Ainsi, au fur et à mesure, la pratique n'est plus tant ce que nous « faisons » (dix minutes, trente minutes ou une heure par jour) mais ce « nous sommes » (ou redevenons).

La bonne nouvelle, c'est que les préceptes du Reiki ne sont pas là pour ajouter « quelque chose à faire en plus » dans nos journées déjà bien remplies : ils sont des outils pour vivre différemment notre vie. Autrement, c'est-à-dire plus en paix, en vérité et en amour inconditionnel avec nous et tout ce qui nous entoure.

NOUS ALLONS – C'EST CERTAIN – ÊTRE TRAVERSÉ·E·S PAR DES ÉMOTIONS ET DES PENSÉES, LES PRÉCEPTES NOUS AIDENT À ENTRER EN RAPPORT AVEC TOUT CELA DE MANIÈRE JUSTE ET ÉQUILIBRÉE.

Quand nous vivons une expérience ou une situation qui nous contrarie, ils nous donnent une grille de lecture, un tamis qui nous permet de ne pas être dans la réaction (ou de l'être moins, c'est bien déjà).

■ Du présent temporel au présent éternel

Les préceptes nous aident à rendre plus ténue la distance entre la réalité relative et la réalité absolue.

La réalité relative, c'est celle à laquelle s'identifie notre ego, qui vit dans une temporalité avec un passé, un présent et un avenir. Cette partie de nous qui vit dans la dualité et la séparation a besoin de la formule « Juste pour aujourd'hui » pour s'encourager et se dire que c'est faisable d'être la non-colère ou le non-souci, juste pour le moment.

La réalité absolue évoque le vécu de notre être authentique, certain·e·s diraient notre « âme », notre soi divin. Mikao Usui parle de « grande lumière brillante ». Je vous laisse choisir le terme qui vous convient le mieux. Sachez juste que le mot « divin » n'a rien de religieux ici, il sert à désigner notre grand « Je suis », notre Être non identifié à notre petit ego, c'est le « grand moi » au service du « petit moi » si vous préférez. Cette part de nous vit dans le présent en permanence : elle sait que seul le présent existe. En ce sens, le présent a donc valeur d'éternité : il nous relie au grand Tout, au monde de l'Unité, là où il n'y a pas de séparation. Cet aspect de nous vit déjà, fait déjà l'expérience que « juste pour aujourd'hui » ça signifie « tous les jours ».

Plus nous pratiquons, plus la distance entre la réalité relative et la réalité absolue se réduit, plus nous sommes en phase avec qui nous sommes vraiment. La vie devient alors plus légère, joyeuse et paisible sans que cela soit lié à des circonstances extérieures. Nous quittons le monde de la séparation avec ses souffrances et ses illusions pour retrouver le monde de l'unité et de la conscience.

Cela a des bienfaits sur notre façon de percevoir la temporalité mais aussi sur notre façon d'entrer en relation avec les autres, puisque, dans la réalité absolue, nous sommes Un, ainsi que nous le verrons notamment dans le chapitre sur l'humilité page 50.

Cette attention sur l'aujourd'hui et maintenant, nous avons besoin de continuer de la choisir, un jour à la fois, mais tous les jours de notre vie.

EN RÉSUMÉ

- J'observe mes pensées pour revenir au présent avant de préserver mon énergie vitale donc ma santé.
- Juste pour aujourd'hui… la philosophie des petits pas.
- Juste pour aujourd'hui, donc tous les jours, car le présent a valeur d'éternité.
- Juste pour aujourd'hui comme pont entre la réalité relative et absolue, l'humain et le Divin.

Il est temps d'aborder les préceptes à proprement parler, qui comportent chacun plusieurs niveaux de sens.

Les *kanjis* ont plusieurs significations. Il est intéressant d'observer combien le choix de la traduction va orienter notre pratique. Vous pourrez constater que je propose des formulations différentes pour débuter ; vous pourrez les modifier au fur et à mesure de vos besoins et de votre expérience.

Comme dans la construction de tout habitat, il est vraiment capital d'y aller pas à pas et de poser les fondations avant de mettre les murs et le toit. C'est ainsi que j'ai progressé moi-même et que je continue de cheminer.

Sachant que nous sommes d'éternel·le·s débutant·e·s, je reviens régulièrement aux premières formulations pour consolider les bases et être certaine que ma maison intérieure est bien ancrée[1]. La progression n'est pas linéaire mais plutôt circulaire. Vous en souvenir vous aidera à persévérer.

Lorsque vous commencez à pratiquer, je conseille de respecter l'ordre donné. Il a sa raison d'être, vous allez vite comprendre pourquoi.

1. Je suis en cela les conseils de mon maître-enseignant, Frans Stiene, qui pratique depuis trente ans et procède également ainsi.

PREMIER PRÉCEPTE : *IKARU NA*, « JE NE PORTE PAS LA COLÈRE »

■ Pas de colère, vraiment ?

Le kanji *Ikaru na* est parfois traduit en anglais par *No anger*, ce qui signifie littéralement : « Pas de colère. » Cette formulation me semble inadéquate, du moins quand on commence la pratique, car elle risque d'être mal interprétée.

Certes, dans la réalité absolue décrite par tous les textes spirituels, la colère n'existe pas, elle est une illusion. C'est vrai pour tous les êtres illuminés mais, pour le commun des mortel·le·s - dont je fais partie, à voir pour vous -, ça reste un *work in progress*.

Dans la réalité relative - celle vécue par notre ego, notre personnalité -, la colère semble être bien réelle, elle qui monte en nous avec sa chaleur qui fait rougir nos joues, qui accélère notre rythme cardiaque et fait s'emballer notre système nerveux.

Alors, oui, l'idée, à terme, c'est de faire l'expérience de notre être authentique, pour qui la colère est une illusion, mais, avant d'y être, commençons peut-être par accompagner le petit être humain en nous qui fait de son mieux.

Il y a tout un courant dans la spiritualité, associé à une mauvaise compréhension de la Communication Non Violente (CNV) en France, qui diabolise la colère. Je crois que c'est vraiment faire un contresens et risquer de nous violenter nous-mêmes sous prétexte de ne pas violenter les autres si ce n'est que, comme souvent, « l'enfer est pavé de bonnes intentions ».

Voici les principales conséquences de la diabolisation de la colère :

- cela nourrit notre ego spirituel : pour être civilisé·e·s, poli·e·s, pour nous comporter comme des êtres « éveillés », nous réfrénons, voire nions, la colère. Du moins, c'est ce qu'on m'a appris à faire, car « se mettre en colère, c'est un échec », et mon inconscient a bien enregistré cette croyance limitante. Et vous ?

Pour ma part, je constate que je peux mettre de côté – un temps – ma colère, mais, en général, cela revient à dissimuler la poussière sous le tapis quand je fais le ménage. Les détritus finissent par s'accumuler et former une grosse bosse au milieu du salon. Si j'attends encore un peu, une odeur désagréable finit par se dégager et l'atmosphère devient irrespirable. Rien de mieux pour pourrir ses relations aux autres comme à soi. Cela peut même se transformer en maladie, en ulcère, en dépression et j'en passe.

Alors bravo, merci, bonsoir mais je préfère reconnaître qu'il y a de la poussière (de la colère) et faire le ménage (pratiquer les préceptes) au fur et à mesure :

- cela nourrit notre tyran intérieur : si nous nous sentons en colère mais que nous nous disons que c'est « mal », nous risquons d'activer en nous l'énergie de la culpabilité. Autrement dit, nous allons être en colère de nous sentir en colère. C'est parti pour la surenchère : nous sommes en colère et nous nous en voulons d'être en colère, de ne pas être au-dessus de ça, de ne pas être détaché·e·s, si ce n'est que le véritable détachement s'apprend justement en entrant en rapport avec nos émotions, pas en les fuyant ou en les niant, nous le verrons plus tard (« Entrer en rapport avec votre colère de manière juste et alignée » p. 50, « Se libérer d'un trop-plein de colère » p. 52 et « À vos coming out » p. 134).

Aussi, traduire *Ikaru na* par « Pas de colère », c'est risquer de réveiller l'ego spirituel et le tyran intérieur : bonjour l'association de malfaiteurs ! Je préfère éviter.

NIER L'EXISTENCE DE LA COLÈRE (OU COMPRENDRE LA FORMULE « PAS DE COLÈRE » COMME LA NÉGATION DE CETTE ÉMOTION), C'EST COMME VOULOIR NIER NOS PENSÉES QUAND NOUS MÉDITONS : C'EST ABSURDE ET STÉRILE.

Lorsque j'ai commencé à méditer, on m'avait dit (ou j'avais compris) que le but (déjà, cherchez l'erreur…) était de ne plus avoir de pensées. Autant vous dire que, lors de chaque méditation, plus je voulais « chasser » mes pensées, plus elles arrivaient en masse.

Le premier précepte nous encourage non pas à faire disparaître ce qui nous dérange ou nous cause de l'inconfort, mais à apprendre à accueillir et vivre plus en paix avec tout ce qui est. Cela inclut la colère, la peur, la tristesse, les pensées... quelles qu'elles soient. Il nous apprend à accepter que, dans notre vie, certaines situations vont activer chez nous des blessures et qu'une montée de colère est possible. Et c'est complètement OK.

Allons plutôt voir l'information - donc le cadeau, si, si - cachée derrière cette énergie, certes peu confortable, mais qui, une fois prise en compte et accueillie, peut se transformer d'elle-même en or. En général, la colère met en lumière des besoins qui ne sont pas vus ou suffisamment nourris, respectés.

En ce sens, elle a toute sa place et elle est aussi bénéfique que la joie, la tristesse, etc. À l'inverse, plus nous la réfrénons, plus nous la jugeons, plus elle grossit. Souvenez-vous de la sagesse jungienne : « Ce à quoi l'on résiste persiste. Tout ce que l'on embrasse s'efface. »

Il est donc contre-productif de s'interdire de ressentir et même d'exprimer sa colère, d'autant qu'à terme cela peut avoir, comme nous l'avons dit, des répercussions sur notre santé.

Ce n'est pas en niant l'existence de la colère que nous allons la faire disparaître. D'ailleurs, la proposition serait plutôt d'apprendre à la transformer ou encore mieux à nous laisser transformer par elle.

PRATIQUE GUIDÉE
REGARDER SOUS LE TAPIS...

Fermez les yeux. Prenez trois respirations profondes dans le ventre. Détendez vos épaules et vos mâchoires. Prenez un temps pour ralentir votre souffle et laisser votre corps se déposer complètement sur le siège.

Laissez revenir une phrase ou une situation qui vous a mis·e en colère récemment (pas une grosse colère, juste un petit désagrément, c'est juste pour prendre conscience des répercussions qu'a déjà sur notre système un grain de colère dissimulé sous le tapis).

Prenez votre temps et laissez-vous retrouver le lieu, les personnes présentes...

Observez, sans juger, l'effet de ce souvenir sur votre corps, vos sensations, votre respiration... Restez un instant ici.

Puis, quand vous sentez que vous avez fait l'expérience proposée, laissez partir ce souvenir.

Reprenez trois respirations profondes dans le ventre. Détendez vos épaules et vos mâchoires. Remettez un peu de mouvement dans vos pieds, dans vos mains et revenez dans l'ici et maintenant.

De deux choses l'une :

- soit un souvenir est venu et vous réalisez que tout est déjà dissipé : il n'y a rien sous le tapis. Plus rien dans la situation ne vient vous remuer, vous titiller ; dans ce cas, vous n'avez rien à faire si ce n'est célébrer et intégrer les enseignements de l'expérience que vous venez de faire ;
- soit un souvenir est venu et vous réalisez que ce moment de colère a encore un effet sur vous et c'est complètement OK. Vous pouvez, sans culpabilité, vous occuper de la partie de vous qui ressent de la colère et voir quels besoins sont cachés derrière (voir pratiques page 50).

Ce temps que vous venez de prendre vous permet de savoir où vous en êtes, d'être en vérité. Il n'y a pas de « bonne » ou de « mauvaise » méditation.

Combien de fois, en faisant cette pratique lors de partages Reiki (rassemblement des étudiant·e·s une fois par mois pour pratiquer et échanger), certaines personnes réalisent qu'elles avaient mis sous le tapis des dossiers sans les traiter ! Cela sollicite, à notre insu, une énergie colossale. Parfois, il n'y a rien à « faire » de spécial si ce n'est de reconnaître que cette colère est là et de l'accueillir avec conscience et sans jugement pour qu'elle se dissipe d'elle-même. Elle avait juste besoin d'être reconnue pour s'estomper et disparaître. Plus nous sommes en paix avec l'énergie « colère », plus la pratique devient fluide et joyeuse.

Nous avons besoin d'apprendre toutefois à l'exprimer avec clarté et avec un langage approprié, l'auteur et chaman Don Miguel Ruiz dirait « impeccable ». Le problème n'est pas la colère elle-même mais ce que nous choisissons d'en faire.

« Quand la colère se manifeste, il faut reconnaître sa présence et accepter d'en prendre soin. Il est conseillé de ne rien dire, de ne rien faire sous son emprise. Il faut immédiatement revenir en soi et inviter l'énergie de la pleine conscience à se manifester également, afin de reconnaître cette émotion et de s'en occuper.

Mais il faut aussi révéler à l'autre son irritation, sa tristesse : "Je souffre, je suis en colère, et je veux que tu le saches." »

Thich Nhat Hanh, *La Colère. Transformer son énergie en sagesse*

■ **Un choix, pas une obligation**

Le kanji *Ikaru na* est parfois aussi traduit en anglais par « *Do not anger* », qui signifie littéralement : « Ne te mets pas en colère » ou « Je ne dois pas me mettre en colère ».

Alors, c'est intéressant mais, personnellement, si je sens de la colère monter en moi et qu'une personne me dit de ne pas me mettre en colère... cela me fait péter un boulon plutôt deux fois qu'une ! Si j'avais réussi, jusque-là, à contenir un peu mon émotion, j'ai juste envie de la laisser sortir et de me défouler sur cette chère personne sans doute bien intentionnée mais complètement contre-productive. Je ne le fais pas, rassurez-vous, mais j'en ai envie - fort !

Est-ce que ce genre de phrase a déjà aidé quelqu'un·e ?

En général, cela a plutôt tendance à envenimer la situation. Cette formulation est injonctive. Elle sonne comme une obligation et non un choix. Énergétiquement, cela n'a pas du tout le même effet.

PRATIQUE GUIDÉE
« JE DOIS » OU « JE CHOISIS » ?

Fermez les yeux. Prenez trois respirations profondes dans le ventre. Détendez vos épaules et vos mâchoires. Prenez un temps pour ralentir votre souffle et laisser votre corps se déposer complètement sur le siège.

Puis respirez avec la phrase : « Je dois faire la vaisselle. » Restez quelques instants avec la vibration de ces mots, que vous pouvez vous répéter intérieurement.

Observez l'effet qu'exerce cette phrase sur votre corps, votre respiration. Concentrez-vous sur vos sensations. Peut-être que des pensées surviennent, accueillez-les avec tendresse sans vous attacher à elles.

Puis laissez la phrase et sa vibration partir. Reprenez trois respirations profondes dans le ventre. Détendez vos épaules et vos mâchoires. Prenez un temps pour ralentir votre souffle et laisser votre corps se déposer complètement sur le siège.

Laissez venir la phrase : « Je choisis de faire la vaisselle. » Restez quelques instants avec la vibration de ces mots, que vous pouvez vous répéter intérieurement en la laissant imprégner toutes vos cellules.

Observez l'effet de cette phrase sur votre corps, votre respiration, vos pensées.

Restez un instant à constater de manière bienveillante ce qui se produit.

Quand vous sentez que vous avez fait l'expérience proposée, laissez partir la phrase.

Reprenez trois respirations profondes dans le ventre. Détendez vos épaules et vos mâchoires. Remettez un peu de mouvement dans vos pieds, dans vos mains et revenez dans l'ici et maintenant.

Quelle phrase vous met dans une énergie légère et joyeuse ? Laquelle vous plombe instantanément ? C'est assez évident, non ?

Nous avons été habitué·e·s à agir par obligation, par sens du devoir. On nous l'a souvent enseigné comme une valeur éducative, pour notre bien mais, là encore, « l'enfer est pavé de bonnes intentions » : « Tu dois faire tes devoirs si tu veux réussir tes études », « Tu dois faire un métier sérieux », « Tu dois travailler dur pour gagner ta vie », « Tu dois te brosser les dents »...

Dans la réalité absolue (celle de notre soi authentique, notre soi divin, notre âme, notre « grande lumière brillante »), il n'y a pas d'obligation, que des choix : nous ne « devons » pas nous brosser les dents, nous « choisissons » de le faire. Nous pourrions très bien choisir de ne pas les laver. Il n'y a pas d'obligation, dans l'absolu, mais cela suppose d'accepter les conséquences de notre choix, à savoir une mauvaise hygiène bucco-dentaire, des caries, des douleurs, des dents moins saines pour nous aider à digérer grâce à la mastication, etc.

Je peux aller encore plus loin. Combien de fois nous nous disons : « Je n'ai pas envie d'aller travailler mais j'y suis obligé·e, il le faut bien. » Cela a l'air vrai et pourtant. Nous pouvons très bien choisir de ne pas travailler du moment que nous assumons et acceptons de vivre sans argent, sans domicile et sans nourriture.

Alors, oui, cela a l'air d'une provocation mais l'idée est vraiment de regagner en conscience et en vérité : la plupart d'entre nous ne sommes pas prêt·e·s à accepter ces conséquences. Il est bon alors de réaliser que nous n'agissons pas par obligation mais parce que nous choisissons de vivre dans des conditions qui nous semblent préférables. Nous ne sommes pas soumis·e·s et victimes d'obligations, contrairement à ce que notre ego blessé essaie de nous faire croire.

En nous souvenant que nous agissons à partir du choix, en êtres souverains, nous comprenons que nous avons deux options :

- soit nous assumons notre responsabilité (ce qui est certes exigeant et suppose de ne pas confondre la responsabilité et la culpabilité) et nous (re)prenons nos pleins pouvoirs ;

- soit nous refusons notre responsabilité, nous nous sentons victimes des autres, du monde, de la vie (que nous percevons comme séparés de nous) et nous perdons notre pouvoir.

C'est l'un ou l'autre, c'est un choix !

Cette prise de conscience modifie notre rapport au travail (comme à tout ce qui nous entoure). Le fait de nous souvenir que c'est un choix nous permet de nous rappeler que nous sommes des sujets pensants et non les victimes d'un système. Cela nous réempouvoire et nous aide à restaurer notre énergie vitale.

Ainsi, quand vous êtes fatigué·e ou que votre travail vous pèse, reliez-vous consciemment à tout ce qui vous motive à aller travailler, aux bénéfices que vous en retirez, même les plus élémentaires comme celui de pouvoir vous nourrir, vous loger, vous soigner convenablement. En général, cela redonne un peu de vitalité.

Si cela ne suffit pas, si vous sentez que votre métier, votre activité ne résultent plus d'un choix mais sont vécus comme une pure obligation, cela vous indique qu'il est temps soit de le faire autrement, soit d'en changer. Cela vous montre les branches, voire les troncs, dans votre rivière intérieure.

Je ne dis pas que c'est facile (du point de vue de la réalité relative de notre ego qui imagine que tout est toujours compliqué et impossible) mais c'est simple (du point de vue de la réalité absolue de notre être authentique qui se sait relié à tous les possibles).

Pour toutes les raisons énoncées ci-dessus, je déconseille la traduction « Je ne dois pas me mettre en colère » et lui préfère « Je ne porte pas la colère », qui sous-entend : « Je choisis de ne pas porter la colère. »

JE DIS BIEN « JE NE PORTE PAS LA COLÈRE » ET NON PAS « JE NE ME METS PAS EN COLÈRE ». POUR RAPPEL, L'ENNUI, CE N'EST PAS TANT QUE LA COLÈRE SOIT LÀ, C'EST CE QUE NOUS EN FAISONS.

Si la colère peut nous être utile pour changer une situation, nous mettons en œuvre la communication éclairée qui nous permet de poser nos limites. Nous faisons notre part puis nous lâchons prise.

PARTAGE D'EXPÉRIENCE

Un jour, à la photocopieuse, j'ai découvert qu'une collègue professeure (mon premier métier est professeure de français) était en train de photocopier un de mes cours pour ses élèves. Je ne sais comment elle y a eu accès. J'avais peut-être oublié un exemplaire dans la salle. J'étais estomaquée qu'on puisse ainsi s'approprier le travail de quelqu'un·e d'autre sans le lui demander... d'autant plus que, si elle l'avait fait, j'aurais accepté de le partager avec elle. Sur le moment, cela m'a tellement sidérée que je suis restée sans voix.

Pendant quelques jours, j'ai ruminé la situation. Je l'ai évidemment racontée à tou·te·s mes ami·e·s, à tou·te·s mes collègues, à tous les êtres vivants qui avaient le malheur de croiser mon chemin. J'étais si furieuse que cela me réveillait la nuit.

Je savais que je devais lui parler mais j'avais vraiment peur d'être violente. Je ne comprenais pas qu'on puisse agir ainsi et j'étais même gênée pour elle. J'aurais été morte de honte, à sa place. J'ai donc pris le temps d'accueillir ma colère avec une méditation, puis j'ai pris mon courage à deux mains et je suis allée lui parler.

Cela s'est fait simplement, clairement et sans violence. Elle était gênée, s'est excusée et a promis de ne plus le refaire. Quel soulagement ce fut pour moi ! J'ai eu l'impression de perdre dix kilos (ça pèse, la colère : c'est quand on la lâche qu'on s'en rend vraiment compte).

Ce n'est pas tant sa réaction qui m'a apaisée - même si cela m'a fait du bien qu'elle reconnaisse ce qui s'était passé - que le fait que je fasse l'expérience bénéfique de l'utilisation de la colère. Quand je lui ai parlé, c'était autant un acte d'amour pour moi que pour elle, je l'ai sentie très concrètement. C'est comme si j'avais fait un pas de plus vers mon humanité : moins de colère (premier précepte), moins de souci (deuxième précepte) quant à sa réaction, une reconnaissance de ma grandeur (j'ai le droit d'être respectée) et de la sienne (je m'adresse au plus lumineux en elle qui peut se saisir de cette discussion pour évoluer ou pas mais c'est son choix) (troisième précepte). Je me suis sentie reconnaissante de m'avoir fait vivre cette expérience (troisième précepte, seconde partie). Cela m'a donné l'occasion de prendre conscience des traces que certains événements de mon enfance avaient laissées. C'était l'opportunité pour l'adulte (en moi) de montrer à la petite fille (en moi) qu'elle était désormais en sécurité, respectée et digne d'être prise en compte. Quel cadeau ! J'ai fait l'expérience de l'authenticité (quatrième précepte) en maniant une parole mesurée, impeccable. Je l'ai vraiment vécu tel un acte de compassion (cinquième précepte) pour moi comme pour elle. Un cas d'école pour expérimenter les préceptes !

Aujourd'hui, face à une situation analogue, je ne porte plus la colère ou, *a minima*, moins longtemps. Cela ne veut pas dire que cette émotion ne va pas me traverser à nouveau, mais je sais à présent composer avec elle. C'est une alliée et non plus une ennemie.

Une situation qui m'aurait siphonnée en énergie pendant des jours, voire des mois, peut trouver sa résolution aujourd'hui en quelques heures ou en quelques jours. Quel gain d'énergie !

Frans Stiene le formule de manière intéressante : si quelqu'un·e me bouscule et que j'ai sur moi une tasse de café, c'est du café qui va sortir de la tasse. Logique ! Si je me balade avec de la colère et qu'on me bouscule, sans surprise, c'est de la colère qui va en sortir. Si je me balade avec de la paix et de l'amour, c'est ce qui va se renverser.

Je suis émerveillée par la paix dans laquelle je peux vivre aujourd'hui certaines situations qui m'auraient rendue folle il y a quelques années. C'est souvent en voyant les autres s'énerver à ma place que je le réalise concrètement. Je sais que c'est la pratique des préceptes qui me le permet.

Cela dit, je suis encore loin de ne me promener qu'avec de la paix et de l'amour. Je veille simplement, chaque jour et juste pour aujourd'hui, à regarder ce qu'il y a sous mon tapis et à m'en occuper. Et j'ai conscience qu'il en sera ainsi toute ma vie.

CONTES ET TRADITIONS

« LES DEUX MOINES »

Il était une fois deux moines qui devaient accomplir une marche de plusieurs heures dans la forêt pour rejoindre leur monastère. Après avoir cheminé longtemps dans un silence méditatif, ils arrivèrent à une rivière.

Là, une jeune femme se lamentait. Le lit de la rivière était profond, elle craignait d'être emportée par le courant, ne sachant pas nager. Un des moines lui proposa de l'aider à traverser en la portant sur son dos.

Elle accepta et, une fois saine et sauve de l'autre côté du gué, elle le remercia chaleureusement pour sa gentillesse, soulagée et pleine de gratitude.

Les deux moines poursuivirent leur chemin.

Celui qui avait prêté main-forte à la jeune femme retrouva très vite le silence et la paix de la marche, son compagnon était, semble-t-il, perturbé par ce qui venait de se passer.

Trois heures plus tard, à bout de souffle et hors de lui, il éclata : « Ce que tu as fait est inadmissible ! Tu n'avais pas le droit de parler à cette femme ! Encore moins de la porter. C'est interdit par notre ordre, tu as prêté serment devant Dieu. »

Le premier lui répondit très posément : « J'ai porté cette femme trente secondes, toi tu la portes depuis trois heures. »

■ Porter la colère, c'est resté figé·e dans le passé

Le passé est passé, il ne reviendra plus jamais. Seul le présent existe pour la conscience ! Nous avons beau le savoir, il nous arrive parfois à tou·te·s de ressasser une discussion, une situation, n'est-ce pas ?

Plus nous cultivons notre état de présence, plus nous sommes en énergie. Plus nous avons de l'énergie, plus nous avons de ressources (physiques, mentales, émotionnelles) pour vivre ce que nous avons à vivre. Or la colère est une énergie qui nous rattache au passé. Elle nous empêche de jouir de l'instant présent et de recevoir ses cadeaux.

Si nous sommes dans nos pensées et que nous ressassons une conversation désagréable que nous avons eue la veille, nous ne pouvons pas apprécier le sourire complice de la personne dans le métro, le billet de dix euros laissé là dans la rue, nous ne pouvons pas savourer le somptueux repas que notre ami·e a pris le temps de préparer pour nous ou encore la beauté du coucher de soleil qui est là devant nous, maintenant.

La colère nous donne l'illusion que rien ne va, que notre vie n'est pas satisfaisante, nous fait vivre un inconfort dans le présent en rapport avec un fait passé, qui ne reviendra pourtant plus jamais.

Dans le cas où nous ne faisons pas la paix avec notre passé, notre mental va s'en emparer et construire des soucis pour le futur. C'est pour cela que les préceptes sont complémentaires et viennent porter notre attention sur tout ce qui constitue des abat-jours à notre énergie, donc à notre joie et notre lumière.

■ L'intérêt de la négation dans la formule « Je ne porte pas la colère »

Quand je transmets la formule « Je ne porte pas la colère », de nombreux·ses participant·e·s me font remarquer que la négation n'est pas judicieuse. En effet, des études en neurosciences démontreraient qu'elle n'est pas entendue par le cerveau. En ce sens, une invitation à porter la colère semble inappropriée, effectivement.

Toutefois, la négation a sa raison d'être, car elle nous aide à identifier « ce que nous ne sommes pas » et ainsi à mieux reconnaître qui nous sommes. Nous la retrouvons dans de nombreuses traditions : du Zen au Shugendo en passant par le Tendai ou encore la pratique du yoga (*neti neti* : « Je ne suis ni cela ni cela. »).

L'objectif de ces pratiques est de nous aider à nous désidentifier de nos pensées, de notre ego. « Je ne suis pas la colère », « Je ne suis pas le souci ». Ces émotions peuvent nous donner l'impression d'être la colère, d'être le souci, pourtant ce n'est pas notre essence et la négation nous aide à nous le rappeler.

Pour savoir qui nous sommes, nous avons besoin de déterminer d'abord clairement ce que nous ne sommes pas.

ASTUCE

LA FORMULATION QUI VOUS PARLE EST LA BONNE FORMULATION

Si vous restez très gêné·e par la négation, vous pouvez choisir la traduction suivante : « Je me libère de la colère. »

Il n'y a pas une seule et unique formulation figée, dont une seule serait la bonne, la seule et l'unique. Je propose – en vous expliquant les raisons de mon choix –, vous disposez. Pas de dogme ici.

Pour moi, l'essentiel est que vous vous appropriez les préceptes au plus juste en suivant votre guidance intérieure et votre sensibilité au pouvoir des mots.

Simplement, je vous invite à bien vérifier que vous avez, à présent, un rapport neutre à la colère et que ce n'est pas une façon de la rejeter. Le plus important, c'est d'être en conscience et en vérité avec vous-même.

Maintenant que nous sommes au clair avec le sens de ce précepte, voyons comment il peut nous aider, très concrètement, dans notre vie quotidienne.

PRATIQUE GUIDÉE

ENTRER EN RAPPORT AVEC VOTRE COLÈRE DE MANIÈRE JUSTE ET ALIGNÉE

Imaginez que le comportement d'une personne vienne réveiller l'énergie de la colère en vous. Voici comment vous pourriez procéder :

1. Reconnaissez que de la colère vous traverse sans LA juger, sans VOUS juger.
2. Accueillez-la et interrogez la partie de vous qui sent monter cette colère. Rappelez-vous que vous n'êtes pas la colère. Vous ne vous identifiez pas à elle. Quelles informations vous donne-t-elle ? Vous avez l'impression que [la situation vous semble injuste, vous vous sentez trahi·e, votre cadre n'est pas respecté… Derrière la colère, y a-t-il d'autres émotions qui se cachent ? Prenez le temps de les identifier : frustration, tristesse, honte…] Je vous laisse compléter.
3. Prenez le temps de reconnaître ce que ça vous fait ressentir et demandez-vous : « Qu'est-ce que ça me montre de mes besoins profonds qui ne sont pas respectés ici ? » [J'ai besoin d'être vu·e, écouté·e, de me sentir respecté·e… j'ai besoin d'être reconnu·e dans ma souffrance…, j'ai besoin de douceur, d'amour inconditionnel…]
4. Quelle parole pouvez-vous poser pour que ces besoins soient nourris ?

Si vous avez pris le temps d'accueillir et de valider vos besoins avant, vous allez trouver plus facilement les mots et le ton appropriés. De plus, le fait que vous soyez au clair avec la légitimité de votre demande va permettre à votre interlocuteur·trice d'être plus aisément à l'écoute, car nous attirons ce que nous vibrons.

Peu importe comment la personne réagit, ce n'est plus votre responsabilité.

Dans la plupart des cas, l'autre accueille votre ressenti, le respecte et s'excuse.

Parfois – souvent –, la personne vous écoute et ressent le besoin de vous exposer à son tour son point de vue sur la situation, ce qui s'est joué pour elle afin que chacun·e puisse ressortir grandi·e de l'expérience. À vous de vous mettre dans une écoute attentive et sans jugement. Vous venez de vous offrir ce cadeau juste avant, cela devient plus facile de l'offrir à l'autre.

Rarement, mais c'est possible, la personne ne vous écoute pas, elle en est incapable, car cela fait résonner trop de blessures en elle et elle n'a peut-être pas encore appris à entrer en rapport avec ses émotions et donc à les exprimer facilement. Même si ça peut être agaçant et frustrant, vous aurez au moins posé votre cadre (donc écouté votre enfant intérieur·e), ce qui vous évitera de vous remettre en cause inutilement.

Plus vous avez fait la paix en vous, moins vous avez besoin de validations extérieures pour la conserver. Vous restez avec la satisfaction d'avoir pris votre responsabilité : vous vous êtes occupé·e de votre colère. Que l'autre porte ses propres valises et s'occupe de ses dossiers, à présent !

ASTUCE

SE LIBÉRER D'UN TROP-PLEIN DE COLÈRE

Parfois, l'énergie de la colère est si puissante qu'il est difficile d'accéder immédiatement à la sagesse qu'elle nous transmet sur nos besoins. Il peut alors être intéressant d'évacuer le trop-plein.

La clé, c'est de créer du mouvement (souvenez-vous du flux de la rivière qui a besoin d'être en lien avec le mouvement de la vie) pour que se décristallise ce qui s'est engrammé à notre insu.

Voici quelques techniques testées et approuvées qui vous permettront d'ensuite méditer plus facilement et sereinement :

* crier dans un coussin ;
* taper dans un coussin ;
* le tremblement (voir l'exercice du tremblement p. X) ;
* faire le tigre ou l'ours :
    - le tigre : jambes écartées à la largeur du bassin, griffez l'air devant vous à l'aide de vos mains en poussant des « Grrrrr ». (À adapter au lieu où vous vous trouvez : si vous êtes en appartement ou dans les toilettes, au travail, vous pouvez vous contenter de faire des grognements soufflés.) À chaque inspire, levez les bras en l'air en croix comme si vous inspiriez la paix. À chaque expire, grognez et griffez l'air. Procédez ainsi jusqu'à ce que vous sentiez que le gros de la colère vous a traversé·e. Terminez les bras en l'air pour désormais mieux percevoir l'espace libre dans votre cœur et vos poumons une fois la colère dissipée. Si vous sentez qu'il reste quelques résidus, que ça « pèse » encore un peu, refaites la pratique jusqu'à totale libération.

- l'ours : jambes écartées à la largeur du bassin, penché·e en avant tête vers le sol et bras ballants, grimacez et grognez tout ce qui vous vient. Plus vous avez besoin de rester silencieux·se, plus vous grimacez, parlez fort ou grognez jusqu'à ce que vous sentiez que le gros de la colère vous a traversé·e ;
- faire un caprice : seul·e dans une pièce, donnez carte blanche au·à la tout·e-petit·e en vous : vous pouvez geindre, vous plaindre, dire des gros mots, vous rouler par terre et chouiner tant que vous voulez jusqu'à ce que le flot de colère ait passé son chemin. Une fois que l'on a dépassé la peur du ridicule, la méthode est très efficace : s'autoriser cette régression et laisser libre cours à votre fluidité émotionnelle est extrêmement bénéfique. Difficile de ne pas terminer cette pratique hilare, preuve que vous aurez réussi à prendre un peu de distances par rapport à la colère.

Nous ne nous en rendons pas toujours compte mais nombre de petits événements accumulés qui semblent anodins pris un par un peuvent occuper beaucoup de place et d'énergie dans une journée.

Avant de pratiquer régulièrement avec les préceptes, quand cela m'arrivait, je n'exprimais rien : je ruminais à l'intérieur, car j'avais dans l'idée qu'il ne fallait pas me mettre en colère. Mon ego spirituel me dictait d'être au-dessus de ça, que c'était une occasion de travailler le lâcher-prise. Quelle sottise quand j'y pense ! Si ce n'est que, si je croisais ensuite une personne qui me demandait comment j'allais, je lui racontais l'anecdote en long, en large et en travers en vibrant de tout mon être la colère refoulée. Pas encore au point, le lâcher-prise ! (Je ne connaissais pas encore les techniques de l'ours et du tigre, que j'ai beaucoup, beaucoup pratiquées depuis.) En rentrant le soir, épuisée d'avoir porté cette colère toute la journée, je m'empressais de renouveler le récit de ma mésaventure auprès de mon compagnon. Résultat, je plombais tout mon entourage, sans me libérer pour autant.

En l'ignorant, en la réprimant et en la jugeant, je ne faisais que la renforcer. À la fin, j'étais évidemment en colère d'être en colère : *Franchement, pour quelque chose de si infime, il y a quand même des choses plus graves dans la vie !* me reprochai-je.

Et c'est vrai. Si ce n'est que, sans davantage de bienveillance (cinquième précepte) concernant nos besoins, comment participer à la création d'un monde plus bienveillant et paisible ?

Ce qui est à l'extérieur de nous résonne avec ce qui vibre en nous :

- nous portons de la colère, nous créons de la colère ;
- nous portons de la paix, nous créons de la paix.

Si un fait qui semble si anodin nous fait réagir, nous devons comprendre que la situation elle-même ne fait qu'appuyer sur une blessure ancienne non conscientisée. Plutôt que de juger notre réaction disproportionnée, il est plus utile d'aller voir au-delà de la partie émergée de l'iceberg. Il y a toujours un·e enfant blessé·e derrière une réaction qui nous semble excessive.

Si nous écoutons cet·te enfant, iel n'aura plus besoin de réagir et cet événement prétendument anodin aura été l'opportunité de venir guérir une partie de nous. C'est tout sauf anodin !

LE CORPS ET SES VIBRATIONS NE MENTENT PAS. JE PEUX ME RACONTER QUE RIEN NE ME MET EN COLÈRE, MAIS JE CONTINUE DE LA RAYONNER MALGRÉ MOI ; DONC J'EN NOURRIS L'ÉGRÉGORE.

Les êtres humains n'ont pas conscience de la puissance de leurs pensées et de leurs émotions. Pourtant, si une personne arrive dans une pièce chargée de colère, nous le sentons, nous sommes tou·te·s capables de percevoir combien cela plombe l'atmosphère. Si nous ne sommes pas bien ancré·e·s, nous pouvons sentir que cela vient nous « contaminer » : soit en nous vidant en énergie, soit en réveillant notre propre tasse de colère. Dans les deux cas, personne n'y gagne.

Il est de notre responsabilité d'éviter la contagion et c'est merveilleux en un sens, car nous en avons le pouvoir !

Il s'agit d'avoir le courage d'être en vérité avec soi. Paradoxalement, il suffit souvent de reconnaître la partie qui est en colère pour qu'elle s'atténue, voire disparaisse d'elle-même.

PARTAGE D'EXPÉRIENCE

Alors que je faisais la queue en compagnie de stagiaires pour acheter un encas à la pause méridienne d'un stage de Reiki que j'assurais, une personne est passée devant nous dans la file d'attente. Nous étions six devant elle, difficile de ne pas nous voir ! J'ai fait remarquer à cette personne que nous attendions depuis un moment et que nous étions un peu pressées nous aussi. Elle s'est excusée et est partie, car elle ne pouvait pas patienter.

De retour sur le lieu de pratique, une stagiaire m'a interpelée en me disant qu'elle avait été étonnée que cela puisse être si simple de poser mon cadre, avec douceur et fermeté. (Tiens, j'ai fait ça, moi ? Gratitude : de l'eau a coulé sous les ponts.) Quand la personne nous était passée devant, cela l'avait fait bouillir de rage à l'intérieur mais elle n'avait rien osé dire. (Ça me rappelle quelqu'un...)

Nous avons donc pris un moment pour nous demander : qu'est-ce qui fait que nous n'utilisons pas si facilement la « juste » colère pour poser nos limites ? Qu'est-ce qui nous en empêche ?

Plusieurs blessures sont ressorties, largement partagées dans le groupe : non seulement la peur de la réaction de l'autre mais plus encore le besoin d'être aimé·e et la peur que l'autre nous rejette si on le·la contrarie.

■ Le précepte de l'initié·e : « Pas de colère »

Une fois que nous avons travaillé et intégré « Je ne porte pas la colère », lorsqu'il est très clair (vraiment très clair) que « Pas de colère » est bien assimilé comme une définition de notre véritable nature et non la négation de l'existence de cette énergie, il peut être judicieux de ne conserver que cette courte expression, qui a l'avantage de gommer le « je ».

Je ne nie pas le rôle juste de l'ego comme outil pour « fonctionner » dans la réalité relative : nous avons besoin d'une forme à laquelle nous nous identifions et qui nous permet de nous approprier notre personnalité, de nous présenter aux autres. Cependant, l'ego doit rester un outil au service du moi authentique. Or, parfois, tout paré de son importance, il peut nous empêcher de nous relier à notre être divin et également à celui des autres.

C'est intéressant de gommer le « je », car sans le « je », il n'y a plus de « tu ». Cela nous aide à sortir de l'illusion que nous sommes séparé·e·s et à entrer dans la réalité absolue où nous sommes Un : ce qui fait que « je » peut être en colère, c'est qu'il y a un « tu », un autre, contre lequel « je » est en colère. Si le « je » disparaît, le « tu » disparaît, la colère disparaît.

Si nous nous voyons séparé·e·s de l'autre, la colère (et les soucis) arrive ; quand nous nous relions à la réalité absolue qui est que nous faisons Un avec l'Univers, la colère n'a plus sa place.

Nous réalisons alors que le « je » n'est qu'un outil au service du « grand moi », du véritable moi. L'autre, le « tu », est un miroir et la relation entre lui et nous reflète ce qui a besoin d'être guéri en nous-mêmes.

Nous réalisons que l'autre n'a pas le pouvoir de nous mettre en colère ou de nous blesser : ce qui nous blesse c'est de laisser notre ego nous faire croire que « je » est en colère contre « tu ». Nous pouvons mettre à profit l'interrelation pour transformer notre ombre, c'est-à-dire ce qui nous plombe, en or : c'est le processus alchimique vers la conscience, vers l'Illumination telle que la conçoit Mikao Usui.

Nous pourrions être tenté·e·s de porter la colère, car elle nous donne une illusion de force. C'est en effet une énergie puissante : nous avons l'impression d'avoir du pouvoir sur l'autre et de le punir. Ce qui est vrai, en un sens. Si ce n'est que, quand « je » vibre de la colère, cela nous nuit à nous-mêmes au moins autant qu'à l'autre. Lorsque nous le réalisons, croyez-moi, nous sommes motivé·e·s pour nous occuper de notre propre colère au fur et à mesure.

« Quand je jette un charbon ardent sur l'autre, certes je vais le blesser mais ma main sera également brûlée.
Si je blesse l'autre, je me blesse, car en vérité nous sommes Un. Je suis l'autre, l'autre c'est moi. Cette réalisation nous aide à être de meilleures personnes et à faire des choix au service de la conscience. »

Le dalaï-lama

EN RÉSUMÉ

- Je reconnais que l'énergie colère a une forme d'existence dans la réalité relative. Pour autant, je ne m'identifie pas à elle.
- Je me libère des croyances de mon ego spirituel, qui traite l'énergie colère comme un ennemi à abattre.
- Je pratique les techniques de libération émotionnelle pour entrer en rapport avec elle plus sereinement.
- J'honore la colère comme un maître qui me montre mes besoins profonds et des blessures inconscientes. Elle est une source d'informations capitale pour mon évolution.
- Ne pas porter la colère est un choix et non une obligation ou un commandement qui viendrait de l'extérieur. Quand je fais le choix de ne pas la porter, c'est un acte souverain de mon moi authentique, c'est donc très puissant.
- Ne pas porter ma colère est MA responsabilité.
- La non-colère, c'est ce que je SUIS, c'est ma véritable nature. En ce sens, la colère est une illusion.
- J'appelle à la rescousse l'énergie du cinquième précepte lorsque je constate que je n'arrive pas à faire autrement que de porter la colère aujourd'hui, je l'accepte et j'ai de la compassion pour moi-même. C'est le mieux que je puisse ÊTRE et FAIRE aujourd'hui. Je relâche toute pression inutile. Je me remercie d'être déjà en vérité avec ce qui est, juste pour aujourd'hui.

DEUXIÈME PRÉCEPTE : *SHINPAI SUNA*, « JE NE ME FAIS PAS DE SOUCI »

J'ai choisi de traduire *Shinpai suna* par : « Je ne me fais pas de souci. »

Là encore, j'utilise la négation dans le but d'aider à ne pas s'identifier avec l'émotion (voir « L'intérêt de la négation dans la formule "Je ne porte pas la colère" », page 48) ; vous pouvez choisir de traduire par « Je me libère du souci » si vous préférez.

Par ailleurs, j'évite l'injonction « Ne te fais pas de souci » pour ne pas créer à partir d'une obligation mais bel et bien d'un choix.

Le plus judicieux est cependant de vous laisser ressentir dans votre corps ce que les différentes formulations créent et de choisir ce qui vous empouvoire le plus. Il est vraiment bon d'investiguer par vous-même, de vous faire votre expérience pour choisir ce qui vous parle le plus. C'est ce qui va rendre votre pratique fluide et efficace.

PRATIQUE GUIDÉE

« NE TE FAIS PAS DE SOUCI » OU « JE NE ME FAIS PAS DE SOUCI » ?

Fermez les yeux. Prenez trois respirations profondes dans le ventre. Détendez vos épaules et vos mâchoires. Ralentissez votre souffle, inspirez et expirez. Prenez trois respirations et laissez votre corps se déposer complètement sur le siège.

Puis respirez avec la phrase : « Ne te fais pas de souci. »

Restez quelques instants avec la vibration de ces mots. Vous pouvez vous les répéter intérieurement comme s'ils imprégnaient toutes vos cellules.

Que ressentez-vous ? Écoutez les messages de votre corps :

- Est-ce que c'est léger ? Est-ce que c'est lourd ?
- Est-ce que ça vous donne de l'espace ?
- Est-ce que ça se resserre à un endroit ?

Puis laissez partir cette phrase et sa vibration.

Reprenez trois respirations profondes dans le ventre. Détendez vos épaules et vos mâchoires. Ralentissez votre souffle et laissez votre corps se déposer complètement sur le siège.

Puis laissez venir la phrase : « Je ne me fais pas de souci (je le choisis). »

Restez quelques instants avec la vibration de ces mots dans votre corps.

Que ressentez-vous ? Écoutez les messages de votre corps :

- Est-ce que c'est léger ? Est-ce que c'est lourd ?
- Est-ce que ça vous donne de l'espace ?
- Est-ce que ça se resserre à un endroit ?

Puis laissez partir cette phrase et sa vibration.

Reprenez trois respirations profondes dans le ventre. Détendez vos épaules et vos mâchoires. Remettez un peu de mouvement dans vos pieds, dans vos mains et revenez dans l'ici et maintenant.

Alors, quelle phrase vous met le plus dans une énergie légère et joyeuse ? Laquelle vous alourdit ?

■ Qui parle dans « Ne te fais pas de souci » ou « il faut que j'arrête de me faire du souci » ?

Dans « Ne te fais pas de souci » ou « il faut que j'arrête de me faire du souci », c'est le tyran ou l'ego spirituel qui s'expriment. Quand nous donnons les clés de notre véhicule terrestre à ces parties blessées en nous, difficile d'accueillir sereinement le souci pour ce qu'il est : une information sur un besoin profond à honorer.

Le tyran et l'ego spirituel ne font que juger, rejeter ce besoin, or cela revient à rejeter une part de nous-mêmes qui souffre. C'est violent. En général, nous nous plaignons d'être rejeté·e·s par les autres mais c'est souvent nous qui nous rejetons nous-mêmes inconsciemment. Nous rejetons nos émotions alors qu'elles sont l'expression de notre enfant intérieur·e, qui a besoin d'être vu·e, reconnu·e, écouté·e et aimé·e.

LES PRÉCEPTES NOUS AIDENT À SORTIR DU CERCLE VICIEUX DE LA VIOLENCE QU'ON (NOS PARENT·E·S, LES ADULTES, QUI – SOYONS CLAIR·E·S – ONT EUX·ELLES-MÊMES SUBI CES DYSFONCTIONNEMENTS INCONSCIENTS) NOUS A INFLIGÉE.

La réalité, c'est que, une fois adultes, nous continuons de nous infliger ces jugements soit par habitude, soit parce que nous avons l'impression qu'il n'y a pas d'échappatoire, comme si un programme était implanté dans notre disque dur interne et que nous ne savions pas comment fonctionner autrement.

Or il est possible de rebooter le système.

Pour changer, cela demande de l'écoute intérieure, le courage d'être en vérité avec soi et quelques outils simples pour désamorcer les anciennes croyances et habitudes.

Il est important d'être clair·e avec soi : qui parle dans « Je ne me fais pas de souci » ?

C'est le moi authentique et souverain : cette formulation sous-entend que nous avons le pouvoir (donc la responsabilité) de faire ce choix. Nous choisissons de nous en remettre à la partie la plus lumineuse en nous au lieu d'écouter la petite (ou la grosse) voix du·de la saboteur·se intérieur·e.

Qui est-ce que nous choisissons d'écouter ? La voix qui nous empouvoire ou celle qui nous restreint ?

ASTUCE
LES TROIS QUESTIONS MAGIQUES

« Qu'est-ce qui est le plus lourd ? », « Qu'est-ce qui est le plus léger ? », « Qu'est-ce qui me donne le plus d'énergie ? » Ces trois questions, je me les pose dès que j'ai une décision à prendre ou dès que je me vois entrer dans la boucle des soucis.

Pour faciliter le processus, vous pouvez poser une intention, car souvenez-vous : l'énergie suit la pensée. L'intention peut être formulée ainsi :

« Je me relie à mon être authentique (à mon essence/à ma conscience/au grand "je suis" à l'être divin en moi... Choisissez la formulation qui vous parle) pour que cette partie la plus lumineuse en moi m'aide à vivre cette situation avec plus d'aisance et de légèreté. »

Dès que nous repérons cette mauvaise habitude de notre mental, quelque chose est sauvé : nous devenons le·la témoin bienveillant·e de cette partie de nous qui se fait du souci. Il convient alors d'observer ce souci pour ce qu'il est et de distinguer les différentes formes qu'il peut prendre.

■ Le souci distracteur ou la peur légitime, le bon garde-fou

Faisons la différence entre la peur face à un danger réel dans le présent et la projection négative d'un futur fantasmé par notre cher mental.

Imaginez qu'une bête féroce surgisse au milieu de votre balade en forêt (bon, c'est peu probable mais imaginez…), la peur, bien légitime en ce cas-là, survient naturellement comme processus de protection salutaire. Votre système nerveux sympathique se déclenche, votre rythme cardiaque s'accélère, le sang afflue plus vite dans vos membres afin que vous puissiez soit fuir, soit combattre. C'est physiologique et cela assure la survie des êtres humains depuis des milliers d'années.

Dans ce cas précis, la peur - comme nous l'avons vu avec la colère plus haut - a son utilité du moins si, et seulement si, elle se met à notre service.

« La peur psychologique n'a rien à voir avec la peur ressentie face à un danger concret, réel et immédiat. La peur psychologique se présente sous une multitude de formes : un malaise, une inquiétude, de l'anxiété, de la nervosité, une tension, de l'appréhension, une phobie, etc. Ce type de peur concerne toujours quelque chose qui pourrait survenir et non pas ce qui est en train d'arriver. Vous êtes dans l'ici-maintenant, tandis que votre mental est dans le futur. »

Eckhart Tolle,
Le Pouvoir du moment présent

Si ce système d'urgence se déclenche ponctuellement et que nous prenons le temps de nous reposer, de nous restaurer après, tout va bien.

Le problème est que nos manières de vivre aujourd'hui font que nous activons, inconsciemment, ce système trop fréquemment.

Qui n'a jamais eu l'impression, à un moment de sa vie, de vivre sous un stress quasi permanent ? Qui n'a jamais ressenti un sentiment d'un trop-plein, d'une charge mentale écrasante dans tous les domaines de notre existence avec l'impression qu'il n'y aura jamais de pause, jamais de paix ?

Cette réaction de notre système nerveux est très énergivore. Elle est conçue pour être ponctuelle - disons que c'est un système d'urgence. Si elle se déclenche régulièrement et sur plusieurs plans en même temps (personnel, professionnel, sanitaire...) et que nous ne savons pas comment nous restaurer en énergie, nous risquons de nous retrouver en *burn-out*.

Il est donc important de prendre un temps pour écouter ce qui se joue à l'intérieur de nous quand une peur survient (car une peur surviendra).

ASTUCE

COMMENT FAIRE LA DIFFÉRENCE ENTRE UN VÉRITABLE « PROBLÈME » ET UN « FAIT » ? ENTRE UNE PEUR LÉGITIME ET UN SOUCI DISTRACTEUR ET ÉNERGIVORE ?

Cas 1 : Vous pouvez « faire » quelque chose aujourd'hui, ici et maintenant par rapport à cette peur et vous le faites : vous êtes donc face à un problème, cela a du sens de mettre de l'énergie dans la recherche d'une solution.

Par exemple, vous craignez d'être en retard. Vous choisissez donc de partir un peu en avance pour votre tranquillité d'esprit (et le bon fonctionnement de votre système nerveux).

Ou encore, vous ne savez pas si vous pourrez finir un dossier à temps : soit vous vous organisez en vous libérant du temps en priorisant votre travail, soit vous demandez un délai.

Si ce que vous vivez est véritablement un « problème », il y a forcément une « solution », vous pouvez donc « faire » quelque chose.

Cas 2 : Si ce qui vous arrive est un « fait » et non un « problème », alors votre travail, même si ça n'est pas le plus facile, n'est pas de changer le fait lui-même – par essence, c'est impossible – mais votre façon de le vivre.

Par exemple, vous avez raté votre train et le suivant est dans trente minutes. Il n'y a pas d'autres moyens de transport disponibles pour le moment. Vous allez arriver en retard, c'est certain. Vous pouvez concentrer votre énergie pour le vivre au mieux mais, sur le « fait » lui-même, vous n'avez pas prise et vous avez besoin de l'accepter.

C'est la différence entre baisser les bras et lâcher prise.

ASTUCE

QUAND LA NATURE NOUS ENSEIGNE

En mer, lorsqu'une baïne[1] survient, il est conseillé de faire la planche et de ne surtout pas essayer de résister ; les courants nous ramèneront tôt ou tard vers le rivage. C'est difficile, car notre mental a l'impression que nous risquons ainsi de nous noyer, que nous avons abandonné au lieu de lutter pour notre survie, mais c'est pourtant la solution la plus sage.

Résister à un fait (la baïne est un courant plus puissant que n'importe quel·le nageur·se, même chevronné·e) est énergivore et inutile. La « solution » est d'accueillir ce qui est là (faire la planche en respirant avec la peur, la colère...) et d'avoir confiance dans le flux de la vie (le courant nous ramène toujours sur le rivage).

La nature est inspirante, à nous de choisir de l'écouter ou non.

1. Une baïne est un très fort courant.

« La souffrance que vous créez dans le présent est toujours une forme de non-acceptation, de résistance inconsciente à ce qui est. Sur le plan de la pensée, la résistance est une forme de jugement. Sur le plan émotionnel, c'est une forme de négativité. L'intensité de la souffrance dépend du degré de résistance au moment présent, et celle-ci, en retour, dépend du degré d'identification au mental. Le mental cherche toujours à nier le moment présent et à s'en échapper. Autrement dit, plus on est identifié·e à son mental, plus on souffre. On peut également l'énoncer ainsi : plus on est à même de respecter et d'accepter le moment présent, plus on est libéré·e de la douleur, de la souffrance et du mental. »

Eckhart Tolle, *Le Pouvoir du moment présent*

PARTAGE D'EXPÉRIENCE

Depuis plusieurs mois, j'éprouve de vives douleurs dans la région du dos et de certaines articulations. J'ai du mal à marcher plus de trente minutes sans avoir besoin de m'asseoir. Inutile de vous préciser que cela complique de nombreuses tâches simples de mon quotidien : ne serait-ce que faire des courses pour me nourrir devient un challenge en soi. Pour information, j'ai 42 ans !

Malgré les nombreux examens et les spécialistes consulté·e·s, personne n'explique ces douleurs. Aucun médicament allopathique, aucune thérapie énergétique ne les soulagent durablement. À un moment, ma docteure a envisagé les pistes d'une éventuelle maladie auto-immune ou d'une maladie inflammatoire, prononçant des mots inquiétants tels que « maladie dégénérative », « spondylarthrite ankylosante » et autres joyeusetés...

Autant vous dire que j'ai commencé à me faire du souci, étrangement.

J'ai bien senti que l'attente des résultats me faisait quitter le présent avec un mental qui s'amusait à inventer des scénarii tous plus calamiteux les uns que les autres. C'est que j'en ai, moi, de l'imagination !

Lorsque je faisais part de mon inquiétude à mes proches, on me servait la fameuse formule, bien intentionnée mais tellement contre-productive : « Ne te fais pas de souci ! » Me revenait également l'adage « La peur n'évite pas le danger », que j'ai souvent entendu dire par mon père quand j'étais enfant.

J'ai bien senti le moment où je commençais à m'en vouloir, à être en colère contre moi de me faire « bêtement » du souci. Or, comme j'ai pris la résolution de ne pas rajouter de la violence à la souffrance, j'ai d'abord pratiqué avec le premier précepte, « Juste pour aujourd'hui, je ne porte pas la colère » : je sais bien que cela ne sert à rien de me faire du souci - et même que cela me dessert - mais, « juste pour aujourd'hui », juste pour cet instant, cela me semble impossible de ne pas m'en faire et je choisis de ne pas m'en vouloir. J'ai choisi aussi de ne pas la porter contre la personne qui m'avait asséné de ne pas m'en faire. Pour cela, dix minutes de cris dans un coussin, dix minutes de tremblement et vingt minutes d'un combo tigre/ours/caprice n'ont pas été de trop pour que je passe à l'étape suivante, toute maître-enseignante Reiki que je suis.

Pour que cela ne soit pas une simple posture de mon ego spirituel, j'ai utilisé l'énergie de la colère pour poser mon cadre : j'ai donc clairement exposé mes besoins. J'ai expliqué que cette phrase ne m'aidait pas, qu'au contraire elle me faisait me sentir en échec, stupide de ne pas réussir à être détachée de mon état de santé : et, oui, j'ai reconnu que je n'étais pas encore un pur esprit et que Boudha.2, ce sera pour plus tard, merci, bonsoir. J'ai posé que j'avais plutôt besoin d'une écoute attentive et de non-jugement. Que l'accueil de mon souci m'aiderait davantage à l'accueillir plus facilement à mon tour. J'ai demandé à mon interlocuteur s'il était d'accord pour m'aider dans mon processus, ce qu'il a accepté.

Pour information, on ne m'a jamais refusé d'aide quand je le formule ainsi.

J'ai ensuite pratiqué avec le deuxième précepte : j'ai accueilli le souci, je n'ai pas nié sa présence, je ne l'ai pas mis sous le tapis ; j'ai déjà mal au dos, pas besoin d'un ulcère ou d'une autre maladie en plus. D'ailleurs, est-ce que ces douleurs au dos, ça ne serait pas un vestige de tous mes enfouissements sous le tapis ? Sans jugement, sans culpabilité. Peut-être est-ce une opportunité de transmutation ? La maladie m'informe que quelque chose n'est pas en équilibre.

Je me suis laissé écouter l'information livrée par le souci et je me suis ouverte à accueillir cette part de moi : j'ai réalisé alors que j'avais besoin de douceur et de retrouver de la mobilité dans mon corps.

Pour ce qui est du « problème », j'ai cherché une « solution ». Mon mental a pu se mettre à mon service en se projetant un rendez-vous pour un massage afin de retrouver un rapport agréable à mon corps.

Pour ce qui est du « fait », j'ai dû attendre les résultats (cela a mis deux mois). J'ai donc appelé à moi la première partie du cinquième précepte (« J'ai de la compassion pour moi ») pour offrir un véritable espace d'amour inconditionnel à cette part de moi qui se faisait tant de souci.

Parfois, souvent, juste d'accepter cette part, de l'accueillir, de la prendre dans nos bras comme un enfant en détresse, suffit à nous apaiser. C'est ce qui s'est passé pour moi.

Imaginez un·e tout·e petit·e enfant qui vient vous voir sans arrêt, car iel a peur des monstres sous son lit : si vous le·la repoussez, le·la renvoyez dans sa chambre en lui disant « Mais non, ça ne craint rien, ne te fais pas de souci ! », iel va revenir à la charge jusqu'à avoir l'attention et la compassion dont iel a besoin. Alors que s'iel se sent écouté·e, compris·e, accueilli·e, qu'iel peut exprimer les besoins cachés derrière cette peur, iel se détend et s'assoupit souvent plus vite qu'on aurait pu l'imaginer.

Quand, adultes, nous ressentons de la peur, c'est souvent notre enfant intérieur·e qui se réveille avec ses blessures du passé. Plus nous donnons un espace et de la conscience à ce·tte tout·e-petit·e en nous, plus nous pouvons réintégrer l'expérience vécue dans la paix.

Si des peurs persistent ou qu'elles sont liées à des traumatismes profonds, il est alors nécessaire d'aller consulter un·e thérapeute pour se faire accompagner.

La pratique des préceptes est complémentaire et permet d'entretenir notre santé émotionnelle et énergétique. Plus nous l'exerçons régulièrement, plus c'est facile. C'est toute la différence entre attendre une semaine pour faire la vaisselle et la faire tous les jours : forcément, le nettoyage ne demande pas la même énergie. Alors, au début, nous mettons des gants et nous frottons avec persévérance le temps qu'il faut. Avec l'expérience, un simple rinçage suffit.

■ Le souci : le grand distracteur du présent

Pour mieux comprendre pourquoi il est si fondamental de s'occuper du souci, il est bon de réaliser qu'il nous relie à l'énergie du futur. Il nous empêche donc de savourer les cadeaux du présent.

Si vous faites une randonnée et que vous êtes focalisé·e sur la destination (ou sur vos soucis), vous ne profiterez pas du chemin : le papillon multicolore qui se pose sur la fleur, les marmottes qui se font dorer au soleil, la beauté du paysage... mais aussi l'écoute de votre cheville qui est trop serrée dans vos chaussures, le·la compagnon·e qui chemine à vos côtés et qui vous dit combien iel est heureux·se de marcher avec vous, l'intuition qui vient frapper à votre porte, car vous êtes en silence intérieur et que, face à cette décision si importante que vous deviez prendre, c'est désormais évident, vous savez !

ASTUCE
DEMAIN N'EXISTE PAS !

Quand je réalise que je suis en train de me faire du souci, je me souviens de l'anecdote racontée par Frans Stiene lors d'une retraite Reiki. Il était en Angleterre et, devant un pub à côté de son hôtel, il a vu la pancarte : « Demain, bière gratuite. » Le lendemain, la pancarte était toujours là, avec la même mention. La bière n'est peut-être pas gratuite aujourd'hui mais la sagesse de la blague, si ! Avec humour, on nous rappelle que demain n'existe pas, que seul le présent est.

Profitez donc des cadeaux du présent et concentrez-vous sur eux, c'est bon pour ce que vous vivez ici et maintenant et c'est bon aussi pour votre avenir. En effet, nous créons notre futur à partir du présent.

■ **On récolte ce qu'on sème et si on s'aime...**

> *« Le moment présent est la substance dont l'avenir est fait. Par conséquent, la meilleure façon de prendre soin du futur est de prendre soin de l'instant présent. »*
>
> Thich Nhat Hanh

On récolte ce qu'on sème. Si nous semons des haricots, nous récoltons des haricots. Si nous plantons un figuier, nous cueillons des figues. Si nous semons du souci, nous faisons pousser du souci.

Certes, quand nous semons des haricots, nous ne savons pas si nous aurons une récolte abondante ou non mais nous sommes sûr·e·s que ce qui va pousser, ce sont bien des haricots. Si nous semons du souci, nous pouvons être certain·e·s de créer du souci. C'est pareil pour la colère et tout ce que nous vibrons en pensées, en émotions, en paroles et en actions.

Après, c'est à nous d'arroser (compassion, gratitude) notre être et de le mettre au soleil (authenticité, sans colère ni souci qui font de l'ombre) pour créer la meilleure récolte possible.

C'est très important d'avoir travaillé au préalable sur la colère grâce au premier précepte, car nos peurs de l'avenir viennent souvent de nos expériences passées : ce sont les traumatismes, les blessures, les parts de nous non écoutées qui parlent à travers l'énergie de la peur.

Notre mental, qui a pour fonction de les enregistrer, croit nous protéger en nous les rappelant sans cesse. Si ce n'est que, le coquinou, il nous empêche souvent d'entrevoir d'autres possibilités que ce qui a déjà été vécu, et donc de créer des chemins plus fluides, plus paisibles et plus lumineux.

S'occuper de la colère en premier, c'est prendre soin de notre moi du passé pour créer un moi du présent, puis du futur, plus en lien avec notre nature profonde, c'est-à-dire sans colère, sans souci, plein de gratitude, humble, authentique et plein de compassion.

Tout ce travail se fait dans le présent, grâce à la méditation – j'entends ici la pleine présence et l'écoute intérieure qu'elle permet. Plus nous écoutons la partie en nous-mêmes qui est en colère et celle qui se fait du souci, plus nous pouvons prendre conscience que ces ressentis sont des illusions et des distractions qui nous éloignent de la paix qui nous est accessible dès maintenant.

Les préceptes nous aident à revenir dans le présent : cela est possible chaque fois que nous réalisons que notre mental s'égare, que ce soit dans le futur ou le passé. Même si nous n'en prenons conscience que quelques minutes, quelques secondes, cela permet d'y accéder de plus en plus souvent, de plus en plus longtemps.

Nous touchons alors à la valeur d'éternité du présent. Il n'y a plus d'espace, plus de temps, et c'est très bon à vivre.

■ Le futur fantasmé, même positivement, nous distrait du présent

J'attire également votre attention sur les projections prétendument « positives » du mental, qui sont des divertissements également, par exemple, quand vous n'êtes pas satisfait·e de votre vie et que vous imaginez, ou plutôt que votre mental imagine (car vous avez cessé de vous identifier à lui à ce stade, n'est-ce pas ?), que cela ira mieux, que vous serez en paix quand vous aurez enfin le travail de vos rêves, la relation idéale, que vous serez en vacances, ou encore que vous vivrez dans tel pays ou telle région.

Nous faisons tou·te·s cela lorsque notre réalité n'est pas conforme à nos aspirations : nous remettons la joie et la paix à plus tard. Peut-être quand nous aurons atteint l'illumination – qui sait ?

« La paix ne peut exister que dans le moment présent. Il est ridicule de dire : "Attendez que je termine ça, alors je serai libre de vivre en paix." Qu'est-ce que "ceci" ? Un diplôme, un travail, une maison, le paiement d'une dette ? Si vous pensez ainsi, la paix ne viendra jamais. Il y a toujours un autre "ceci" qui suivra le présent. Si vous ne vivez pas en paix en ce moment, vous ne pourrez jamais le faire. Si vous voulez vraiment être en paix, vous devez être en paix maintenant. Sinon, il n'y aura qu'"un espoir de paix un jour". »

Thich Nhat Hanh,
La Plénitude de l'instant

Les préceptes pointent notre attention sur le fait que non seulement la paix et la joie nous sont déjà accessibles dans le présent, mais qu'elles ne le sont QUE dans le présent. Ils nous invitent à nous relier à la paix qui est déjà là, la seule qui existe véritablement.

Il y a des jours où c'est plus facile que d'autres, c'est vrai. Toutefois, plus on pratique régulièrement, plus c'est simple de rester en contact avec notre paix intérieure quand la vie vient nous chahuter.

« Le miracle n'est pas de marcher sur l'eau, il est de marcher sur la Terre verte dans le moment présent et d'apprécier la beauté et la paix qui sont disponibles maintenant. »

Thich Nhat Hanh, *La Plénitude de l'instant*

Fantasmer un futur meilleur, c'est ne pas s'occuper de ce qui obscurcit la joie du maintenant.

Nous pouvons (et nous allons) le faire parfois, bien sûr, mais c'est important d'en être conscient·e·s. Nous passons notre temps à nous évader pour échapper à ce qui nous alourdit parce que nous n'avons pas appris à faire autrement.

Vous êtes en train de mettre à la cave ou dans le grenier de votre maison intérieure ce que vous ne voulez pas (ou ne pouvez pas) traiter maintenant et c'est OK, compassion pour vous-même, vous faites de votre mieux aujourd'hui !

La pratique des préceptes vous propose de vous offrir un temps pour vous aider à ranger vos espaces afin d'éviter qu'ils vous encombrent, affaiblissant ainsi vos fondations ou alourdissant votre structure.

Après, c'est un peu comme la vaisselle, si vous la faites tous les jours, ça prend cinq minutes, si vous attendez la fin de la semaine, ça peut sembler insurmontable et c'est objectivement plus difficile, ça prend plus de temps. Le « juste pour aujourd'hui » nous invite à pratiquer tous les jours pour cette raison notamment.

ASTUCE
ET SI ?

Et si vraiment vous n'arrivez pas à faire autrement que de vous projeter dans un futur fantasmé, et si vous vous amusiez plutôt à créer des suppositions hyper positives, quitte à exagérer, comme conseillé par Don Miguel Ruiz dans *Les Quatre Accords toltèques*[1] ?

Exemple : vous n'avez pas de nouvelles de votre amoureux·se, qui est parti·e de chez lui·elle en voiture et devait vous rejoindre. Au lieu d'imaginer qu'iel a eu un accident grave, dites-vous qu'iel a peut-être croisé une biche qui allaitait sur la route et qu'iel n'a pas eu le cœur de l'interrompre – normal ! – ou qu'iel est en train de vous préparer une surprise extraordinaire pour célébrer la joie qu'iel a de vous connaître – c'est vrai que vous êtes un être merveilleux –, ou encore qu'iel a dépanné Stromae, en galère sur le bord de la route, et qu'iel l'a ramené à son hôtel, obtenant en contrepartie des billets VIP pour le prochain concert du chanteur.

Quitte à être dans l'illusion, autant imaginer un scénario qui vous fait du bien. Délirer un peu devrait vous aider à cultiver votre autodérision.

Tout ce qui amuse crée du mouvement, de la joie, de l'enthousiasme et nous permet de revenir à l'énergie de l'ici et maintenant.

Là encore, quand nous n'avons pas de prise sur le « fait », autant concentrer notre énergie, donc notre pouvoir, sur ce qui est à portée de main : comment regardons-nous la situation ? Quel·le·s témoins pouvons-nous être sans nous attacher et nous identifier à ce qui arrive ?

Cela n'est pas toujours facile, nous faisons de notre mieux et notre mieux varie chaque jour.

Quand j'ai du mal à revenir dans le présent, j'aime bien me raconter ou relire ces deux contes. Ils m'aident beaucoup. Je fais le vœu qu'ils vous soutiennent autant que moi.

---

1. Don Miguel Ruiz, *Les Quatre Accords toltèques. La Voie de la liberté personnelle*, traduit de l'anglais (États-Unis) par Olivier Clerc, Genève, Jouvence, 2016.

CONTENTES ET TRADITIONS

« LE YOGI ET LES MONSTRES »

Il était une fois un yogi qui méditait dans une grotte. Un monstre apparaît. Sa pratique n'étant pas encore stable, le yogi se laisse distraire et, effrayé, il n'arrive plus à se consacrer à sa méditation.

Il prend alors un bâton pour chasser le monstre. Mais plus il essaie de le faire fuir, plus le monstre grossit.

Après plusieurs heures, épuisé, il choisit de changer de stratégie : il décide d'apporter du thé et des gâteaux au monstre pour l'amadouer. Si ce n'est que le thé et les gâteaux sont délicieux, le monstre grossit, grossit et cela attire d'autres monstres.

Alors qu'il voit poindre le coucher du soleil, harassé de fatigue et démoralisé, le yogi prend conscience qu'il n'a pas médité de la journée, qu'il n'a pas accompli le devoir qu'il s'est lui-même assigné. Il réalise qu'il s'est égaré et que cela l'a vidé de toute son énergie.

Ainsi il lâche prise, cesse de se focaliser sur les monstres et leur dit :

« Faites ce que vous voulez après tout, moi je retourne à ma pratique ! »

Il s'assied en tailleur, le dos bien droit. Il se dépose dans son corps, se concentre sur sa respiration et se recentre enfin sur lui. Au bout de deux heures, qui lui ont paru un instant, il ouvre les yeux et réalise que les monstres ont disparu d'eux-mêmes. À la seconde où il a cessé de leur accorder de l'attention, il a cessé de leur donner son énergie.

À nouveau plein d'allant, complètement ressourcé, il sort de sa grotte riche des enseignements de la journée.

CONTENTES ET TRADITIONS

« LES TROIS ENSEIGNEMENTS DU VIEUX SERVITEUR »

Il était une fois un roi qui demanda aux plus grands érudits de son royaume de concocter un concentré de sagesse, qui tiendrait en quelques mots, et qu'il pourrait noter sur un minuscule bout de papier caché dans sa bague. Que ce message lui soit utile en cas de situation désespérée !

Les sages passèrent des jours et des nuits à essayer de condenser des traités philosophiques de grande renommée mais aucun n'y parvint.

« En seulement quelques mots, cher roi, c'est impossible », finirent-ils par lui dire.

Un vieux serviteur, qui était au service du roi depuis si longtemps qu'il faisait partie de la famille, s'approcha doucement.

« Je n'ai pas fait d'études, je ne suis pas un érudit. Pourtant, je connais ce concentré de sagesse que tu appelles de tous tes vœux, mon roi. Ce n'est pas dans les livres que se trouve la réponse mais dans le cœur de l'expérience. Seul un être accompli peut te le délivrer. Un mystique, au service de ton père, me l'a un jour confié. Je veux te le transmettre à mon tour. »

Le serviteur écrivit le message sur un bout de papier et dit au roi de le glisser dans sa bague et de ne l'ouvrir que lorsque tout aurait échoué, qu'il n'y aurait plus aucun espoir.

Ce moment vint. Plus vite que le roi ne l'aurait cru : alors que la guerre battait son plein, le roi fut contraint de fuir son château envahi par l'ennemi. Ses adversaires le poursuivirent dans la forêt. Effrayé par les cris des assaillants, son cheval se cabra. Le roi tomba, se mit à courir et arriva au bout d'un chemin se terminant par une falaise. Se lamentant que c'était fini pour lui, il se laissa glisser derrière un maigre buisson, piètre cachette pour un grand roi. Recroquevillé, les poings serrés contre sa poitrine, il se souvint du petit mot caché dans sa bague. Il le déroula et lut : « Ceci passera aussi. »

Le roi ferma les yeux et se répéta la phrase dans la tête, dans le corps et le cœur. Un immense silence l'envahit, une véritable paix de l'esprit. Sa respiration ralentit. *C'est vrai*, se dit-il en son for intérieur, *tout passe, rien n'est permanent*. Cette sagesse s'infiltra dans ses cellules et ce fut comme si le temps s'arrêtait, que seul cet instant existait.

Reprenant son calme, il réalisa qu'il n'entendait plus de bruit. Nul ne sut ce qui s'était passé : ses assaillants s'étaient-ils perdus ? Avaient-ils été distraits ? Il attendit que la nuit tombe et partit à la recherche de son cheval, qu'il retrouva non loin de là. Un peu plus loin, il découvrit que des alliés et des soldats à lui avaient également réussi à s'enfuir. En quelques mois, il reconquit son royaume.

Alors que, tout fier de ce revirement, le roi célébrait avec son peuple la paix et la prospérité retrouvées, l'ancien serviteur s'approcha de lui et lui souffla de relire le message.

Le roi s'en étonna, il était tout sauf désespéré.

« Il est temps, lui dit le vieil homme, que tu reçoives le deuxième enseignement de ce message. Il est autant fait pour le désespoir que le bonheur, pour la tristesse que pour la joie, pour la réussite que pour l'échec. »

Dubitatif, le roi déroula à nouveau le petit papier : « Ceci passera aussi. »

De la même manière que la dernière fois, un immense silence l'envahit, une véritable paix de l'esprit. Sa respiration ralentit. *C'est vrai*, se dit-il en son for intérieur, *tout passe, rien n'est permanent, il en va de même pour la joie*. Cette sagesse s'infiltra dans ses cellules et ce fut comme si le temps s'arrêtait, que seul cet instant existait. Quand il ouvrit les yeux, son ego et sa fierté avaient disparu.

Il remercia le serviteur, qui lui dit en souriant :

« Il reste un troisième enseignement dans ce message : tout passe, toi seul subsistes, tu demeures à jamais en tant que témoin. »

■ Le précepte de l'initié·e : « Pas de souci »

Une fois que nous avons travaillé et intégré « Je ne me fais pas de souci », lorsqu'il est très clair (vraiment très clair) que « Pas de souci » est bien assimilé comme une définition de notre véritable nature et non la négation de l'existence de cette énergie, il peut être judicieux de ne conserver que cette courte expression.

Voilà pour les deux premiers préceptes.

Ils sont souvent pratiqués ensemble, car ils permettent de poser nos fondations dans le présent. En pratiquant avec eux régulièrement, vous vous sentirez déjà plus en énergie et plus en paix.

C'est bien sûr plus facile de travailler avec les petites colères et les petits soucis au début. Plus vous serez à l'aise avec les petits pas, plus vous pourrez vous lancer dans de plus grandes randonnées.

Les deux premiers préceptes se réfèrent davantage à la réalité relative, aux errances du « petit moi », de l'ego, les trois préceptes qui suivent sont davantage reliés à la réalité absolue du « grand moi », du moi divin. Ils nous guident pour retrouver notre essence : nous démarrons avec ce à quoi nous nous identifions pour retrouver qui nous SOMMES vraiment.

Avec l'expérience, la distance entre les deux réalités se réduit peu à peu. Les préceptes nous enseignent comment passer d'une réalité à l'autre, de l'humanité à la divinité. Cela permet d'unifier en nous l'humain et le Divin, de reconnaître que nous sommes les deux.

Peu à peu, nous cheminons vers l'être authentique, notre « grand moi », notre « grande lumière brillante ».

L'humilité et la gratitude nous y aident grandement, comme nous allons le voir.

EN RÉSUMÉ

- Je repère qu'une partie de moi se fait du souci, je ne la juge pas mais je me désidentifie d'elle, je ne suis pas le souci.
- Je choisis, en être souverain, de ne pas me faire de souci. Cela m'est accessible, juste pour aujourd'hui !
- Si j'ai l'impression que j'ai du mal à me désidentifier de la partie qui se fait du souci :
    - j'appelle à moi l'énergie du cinquième précepte : compassion pour moi-même pour me soutenir. Je fais de mon mieux aujourd'hui !
    - j'appelle à moi l'énergie de mon être authentique, qui est déjà complètement détaché du souci et qui sait m'enseigner le chemin vers le non-souci ;
    - je demande de l'aide à mes proches et/ou à un·e thérapeute.
- J'apprends à faire la différence entre la peur légitime et le souci énergivore et distracteur.
- J'apprends à faire la différence entre les « problèmes » et les « faits » pour savoir où focaliser mon énergie.
- J'écoute les besoins profonds et les blessures cachées que met à jour le souci.
- J'apprends à me relier à la paix qui est déjà là en moi, pour moi. De plus en plus, elle devient un état qui ne dépend plus des circonstances extérieures.
- Le non-souci, c'est ce que je SUIS, c'est ma véritable nature.

TROISIÈME PRÉCEPTE : *KANSHA SHITE*, « JE SUIS HUMBLE »/« JE SUIS LA GRATITUDE »

Kansha shite peut se traduire de deux façons : « Je suis humble » ou « Je suis plein·e de gratitude ». Les deux notions sont complémentaires et liées, nous allons voir en quoi.

Pour commencer la pratique, je préconise de travailler avec la première formulation : « Je suis humble. » En effet, l'humilité, au sens japonais du terme, est plus difficile à acquérir que la gratitude, dont nous voyons plus facilement ce qu'elle signifie - encore que. En Occident, l'humilité est souvent, au mieux, confondue avec la modestie, au pire associée au message inconscient « Reste à ta place ». Ce n'est pas du tout le sens au Japon.

Quand je dis ici « Je suis humble », il faut entendre : « Je reconnais ma grandeur et je reconnais celle de l'autre. » « Je suis humble » en est juste la formule plus succincte, mais il est fondamental d'en saisir et plus encore d'en imprégner le sens pour toucher vraiment l'essence du précepte.

■ Nous sommes humbles, c'est-à-dire que nous reconnaissons notre grandeur

Qu'est-ce qui nous empêche de la reconnaître, cette grandeur ?

Il y a souvent de multiples raisons.

Il est possible que le terme « grandeur » vous titille un peu, d'ailleurs, qu'il semble manquer d'humilité justement. Malheureusement, depuis que nous sommes enfants, nous sommes plus souvent renvoyé·e·s à notre petitesse (supposée), à nos prétendus défauts qu'à nos qualités et à notre lumière, tant et si bien que nous finissons par croire que nous sommes de petites choses insignifiantes. Cela a de nombreuses conséquences désastreuses, d'autant que nous créons notre réalité à partir de ce que nous croyons vrai.

Plutôt que de se focaliser sans cesse sur nos ombres (est-ce que cela a déjà aidé quelqu'un·e, franchement ?), ce précepte nous invite à reconnaître notre grandeur.

Ce n'est pas de la complaisance, ce n'est pas pour nous défausser de notre responsabilité ou encore pour éviter de reconnaître nos erreurs. C'est même tout le contraire. Il nous encourage à nous souvenir de notre grandeur quand bien même nous sommes imparfait·e·s, que nous ne réussissons pas toujours tout ou pas à la première tentative.

Il ne s'agit pas de reconnaître notre grandeur seulement parce que nous venons de « réussir » quelque chose, que nous gagnons beaucoup d'argent ou que nous sommes (re)connu·e·s. Notre grandeur n'est pas conditionnée à quoi que ce soit d'extérieur sinon elle serait impermanente. Je parle ici de notre grandeur intrinsèque : c'est notre ESSENCE, ce que nous SOMMES et non ce que nous FAISONS.

De même que nous avons reconnu la réalité relative de notre ego avec les deux premiers préceptes, nous avons besoin d'entrer en relation avec la réalité absolue de notre être authentique avec le troisième.

En tant qu'êtres humains, nous sommes les enfants de la Terre et du Ciel. En ce sens, n'avons rien à faire pour mériter la joie, l'amour et l'abondance, contrairement à ce que les egos blessés de nos aîné·e·s veulent nous faire croire. Nous n'avons rien à faire pour être aimé·e·s : nous le sommes, fondamentalement.

En reconnaissant le Divin en nous, nous avançons nourri·e·s par notre propre lumière, facilitant les défis de l'incarnation. Nous unissons ainsi plus facilement en nous notre nature divine et humaine.

Qu'est-ce que ça change concrètement ?

QUAND VOUS VOUS RECONNAISSEZ COMME UN·E ENFANT DU DIVIN, VOUS SAVEZ QUE VOUS MÉRITEZ D'ÊTRE BIEN TRAITÉ·E, C'EST-À-DIRE TRAITÉ·E AVEC RESPECT ET COMPASSION.

Cela change la vie dans bien des situations : quand vous avez du mal à dire non, quand vous n'osez pas demander un service, quand vous n'arrivez pas à poser vos limites...

Lorsque vous vous reconnaissez comme un·e enfant du Divin, vous cessez de vous abreuver au poison de la comparaison. Parfois, il est plus facile de reconnaître la grandeur de l'autre que notre propre grandeur. Si vous admirez une qualité chez quelqu'un·e, c'est que vous l'avez en vous mais que vous ne la reconnaissez pas complètement. Plus vous reconnaissez votre grandeur, plus vous pouvez vous laisser inspirer par la grandeur chez l'autre sans vous sentir minoré·e. Le conte de la pensée sauvage en est une belle illustration (voir « Contes et traditions : "La pensée sauvage" », page 89).

Nous provenons tou·te·s d'une même source d'énergie, le Reiki, l'énergie universelle ; en ce sens, nous sommes UN. Toutefois, en tant qu'énergie incarnée, nous avons besoin de reconnaître et d'apprécier la façon unique dont nous manifestons cette lumière dans la matière tout en célébrant la couleur unique de l'autre.

Cela peut sembler paradoxal mais cela fait partie des deux réalités :

- nous sommes chacun·e à la fois uniques dans la réalité relative ;
- nous faisons chacun·e Un avec l'Univers et tous les êtres vivants dans la réalité absolue.

Les deux existent mais pas sur le même plan. Le système du Reiki, comme toute pratique spirituelle, nous aide à entrer en relation avec ces deux réalités pour mieux les faire fusionner.

Si nous nous incarnons, c'est que nous avons à apporter une vibration inédite sur terre et que nous avons à faire une expérience particulière pour notre évolution. En tant qu'êtres humains, nous avons besoin de nous souvenir que, si nous nous incarnons ici et maintenant, dans ce corps et dans cette vie, c'est que cela a sa raison d'être. Tout a été orchestré pour que nous puissions vivre ce que notre âme a choisi d'expérimenter et d'apporter au monde. Il n'y a pas d'être qui s'incarne sans que cela ait du sens.

Même si l'idée qu'une part de nous est une étincelle divine incarnée se retrouve dans de nombreuses traditions spirituelles, c'est une croyance, me direz-vous. Vous avez parfaitement raison mais, puisque nous créons à partir de nos croyances, autant choisir des points de vue qui nous empouvoirent et nous élèvent, non ?

Et surtout, ne me croyez pas sur parole et n'en restez pas à la théorie : pratiquez, quelles que soient vos croyances ou vos conceptions à ce sujet. Testez, soyez curieux·se, ne serait-ce que pendant une semaine, de vous relier à votre grandeur, à votre partie la plus lumineuse, en toute occasion. Voyez ce que ça change concrètement dans votre vie, dans vos relations avec vous-même et avec les autres, dans votre rapport à votre place dans ce monde et dans votre lien avec les êtres vivants.

PRATIQUE GUIDÉE
RECONNAÎTRE VOTRE GRANDEUR

Fermez les yeux. Prenez trois respirations profondes dans le ventre. Détendez vos épaules et vos mâchoires. Prenez un temps pour ralentir votre souffle, allez au bout de votre inspire et au bout de votre expire. Prenez au moins trois respirations ainsi et laissez votre corps se déposer complètement sur le siège un peu plus à chaque expire.

Puis respirez avec la phrase : « Juste pour aujourd'hui, je reconnais ma grandeur. »

Restez quelques instants en silence avec la vibration de ces mots dans votre corps, que vous pouvez vous répéter intérieurement comme s'ils imprégnaient toutes vos cellules.

Que ressentez-vous ? Est-ce qu'il y a des zones qui se réveillent ? (Le cœur, le plexus, la gorge, le ventre...)

Si oui, venez respirer sans forcer dans ces zones. Sinon, restez centré·e sur votre hara, le point situé trois doigts en dessous de votre nombril.

Permettez-vous de percevoir *via* vos sensations comment vous vous sentez quand vous reconnaissez pleinement votre grandeur. Si vous éprouvez d'éventuelles résistances, autorisez-vous à les ressentir et à les admettre.

À ce stade, il est possible que la voix de votre tyran intérieur se réveille : « Ta grandeur, ouais bof, regarde ta vie : tu viens de rater ça, tu ne sais pas faire ci, tu as X ans et tu n'as toujours pas..., si tu avais de la grandeur, Un·e tel·le ne te traiterait pas comme ça... »

Choisissez d'accueillir cette part de vous qui ne reconnaît pas votre grandeur.

Vous pouvez lui dire :

> « Pour le moment, tu ne reconnais pas ta grandeur, car tu crois que tu dois faire quelque chose d'exceptionnel pour être aimé·e ou reconnu·e, c'est OK. Ta grandeur et ta valeur ne sont pas une action à faire, c'est ce que tu ES.

Moi, je reconnais ta grandeur dans toutes les circonstances, que tu te sentes en réussite ou en échec. Je vais continuer de la reconnaître pour toi, jusqu'à ce que tu sois capable de le faire toi-même. Je t'aime et te laisse le temps dont tu as besoin.

Reçois, cher tyran intérieur, toute ma compassion. Je vois que tu es une part de moi, que tu souffres, mais tu n'es pas MOI et JE suis là pour toi. »

Laissez faire, ne cherchez rien, laissez-vous juste être et respirer avec ça.

Continuez de respirer avec « Juste pour aujourd'hui, je reconnais ma grandeur ».

Avec le souffle, venez guider la vibration de ce précepte dans toutes les cellules de votre corps, de la tête aux pieds et jusqu'au bout des doigts des pieds et des mains, au niveau des organes, des muscles, de la peau, des os, du sang, de la lymphe… Laissez opérer le soin énergétique que vous êtes en train de vous faire.

Quand vous sentez que vous êtes pleinement nourri·e de cette énergie, reprenez trois respirations profondes dans le ventre. Détendez vos épaules et vos mâchoires. Remettez un peu de mouvement dans vos pieds, dans vos mains et revenez dans l'ici et maintenant.

Quand nous nous reconnaissons comme un·e enfant du Divin, nous rendons notre chemin plus léger et joyeux, nous retrouvons l'esprit d'exploration de l'enfant, du·de la débutant·e, nous nous libérons de la croyance que les « erreurs » existent.

Je le répète, reconnaître sa grandeur, ce n'est pas être complaisant·e avec soi-même : c'est évoluer, grandir et apprendre, encouragé·e par une énergie bienveillante et puissante. C'est beaucoup plus efficace – et joyeux – que la carotte ou le bâton !

Plus vous reconnaissez votre grandeur, plus vous créez des actions grandes.

Plus vous vous sentez digne, plus vous accomplissez des actions dignes.

Plus vous reconnaissez votre pouvoir, plus vous prenez vos responsabilités : ce que vous avez créé avec vos croyances limitantes, vous pouvez le décréer et recréer une réalité plus alignée avec votre conscience et vos valeurs d'aujourd'hui.

« Ils ne savaient pas que c'était impossible, alors ils l'ont fait. »

Phrase attribuée tantôt à Mark Twain, tantôt à Marcel Pagnol

CONTES ET TRADITIONS

« LA PENSÉE SAUVAGE »

Il était une fois un roi qui était passionné par le jardinage. Il avait fait semer et planter une telle variété de plantes, de fleurs et d'arbres dans son jardin que tout le monde venait l'admirer des quatre coins du globe.

Un jour, une guerre éclata et le roi fut tenu éloigné de son fabuleux jardin pendant une année entière. Quand il revint en son royaume, il se précipita dans son lieu favori pour s'y ressourcer. Mais ce qu'il vit lui brisa le cœur : tous les végétaux semblaient fanés, flétris, desséchés.

Il s'approcha du chêne et l'interrogea : « Que t'est-il arrivé, ô toi le plus majestueux des arbres ?

— C'est que, vois-tu, lui répondit le chêne d'une voix désespérée, j'ai observé le saule à côté de moi et je l'ai trouvé tellement gracieux et léger à danser avec le vent que cela m'a miné le moral, moi qui suis si grand, si massif, si pataud. »

Le roi, éberlué, se tourna vers le saule mais il ne le trouva pas au mieux de sa forme lui non plus.

« C'est que, murmura le saule, j'envie la vigne qui court le long du muret, elle communique avec les autres plantes et produit de magnifiques fruits aux grappes rouges, gorgées d'un nectar doux et sucré. Moi, j'ai juste des branches tombantes et des feuilles fades et sans saveur. »

De plus en plus dépité, le roi alla voir alors la vigne, qui faisait également triste mine.

« C'est que, voyez-vous, j'ai humé le parfum de la rose qu'un amoureux venait cueillir pour sa belle et j'ai vu le regard du peintre essayer de restituer le diaphane de ces pétales qui irradient dans la lumière alors, moi, voyez-vous, à côté, je me suis sentie toute laide et sans intérêt. »

Le roi jeta un coup d'œil à son allée de roses, elles semblaient toutes maussades et défraîchies, la plupart de leurs épines étaient même tombées par terre. Il commençait à mesurer la folie qui s'était emparée des habitant·e·s son jardin : tout·e·s s'étaient abreuvé·e·s au poison de la comparaison.

Alors qu'il retournait sur ses pas, une petite forme jaune attira son regard : c'était une pensée, elle était éclatante, rayonnante, pleine de vie et de santé.

« Oh, cher roi, j'ai traversé moi aussi une légère phase de déprime, lui expliqua-t-elle lorsqu'il l'interrogea, tout joyeux. Face au chêne, au saule, à la vigne et à la rose, je me suis sentie bien insignifiante pendant un moment. Puis je me suis rappelé que vous étiez le roi et que si vous m'aviez plantée dans votre jardin, c'est que j'avais ma raison d'être. Je me suis dit que vous aviez besoin de moi exactement telle que je SUIS. Puisque je ne peux être autre que moi-même, j'ai décidé d'ÊTRE la meilleure version possible et me voilà ! »

- **Plus nous reconnaissons notre grandeur, plus nous aidons les autres à la reconnaître**

C'est vibratoire : nous créons ce en quoi nous croyons.

Si vous êtes persuadé·e que vous êtes une petite chose insignifiante, pourquoi les autres croiraient-ils qu'il en est autrement ?

Vous désirez être aimé·e mais est-ce que vous vous aimez, vous ? Souvenez-vous des paroles de Gandhi : « Soyons le changement que vous voulez voir dans le monde. »

Si nous souhaitons qu'on nous reconnaisse dans notre grandeur, c'est à nous de le faire en premier. C'est NOTRE responsabilité. Cela permet ensuite que les autres puissent la percevoir et la reconnaître.

Cela peut prendre un peu de temps pour que ça se manifeste dans la matière, bien sûr. Si cela fait vingt ans que vous vous dépréciez tout en vous plaignant d'être dévolarisé·e par votre entourage, ce n'est pas la méthode Coué à elle seule qui va fonctionner instantanément. Cela requiert temps et patience mais, d'expérience, les premiers changements se manifestent souvent plus vite qu'on le croit. Notre vie s'en trouve tellement plus légère que ça nous encourage à poursuivre avec persévérance.

Dès que vous choisissez d'être attentif·ve à vos pensées, à vos paroles et à vos actions, vous allez amorcer la transformation et, petit à petit, vos relations aux autres vont changer, en mieux.

La façon dont l'autre nous traite n'est souvent que le miroir de la façon dont nous nous traitons.

ASTUCE
NI VICTIME, NI BOURREAU

J'aime beaucoup le titre d'un livre de Guy Corneau qui exprime bien cela : *Victime des autres, bourreau de soi-même*[1]. La formule est facile à retenir et fonctionne chez moi comme un réveil quand je me laisse manipuler par mon ego qui se prend pour une victime. Je reprends aussitôt ma responsabilité et donc mon pouvoir. Je le fais sans culpabilité : simplement, je mets de la conscience sur ce qui est en train de se passer et j'agis en conséquence.

1. Guy Corneau, *Victime des autres, bourreau de soi-même*, Paris, Robert Laffont, 2003.

■ Plus nous reconnaissons notre grandeur, plus nous inspirons la grandeur

Le terme « contagion » est souvent utilisé dans un sens négatif or il existe des contaminations puissantes qui nous élèvent tou·te·s.

C'est d'ailleurs ce qui s'est passé pour Mikao Usui : il ne cherchait pas à « guérir » les autres et n'avait pas de projets pour ielles. En étant pleinement aligné à son « super-pouvoir » d'être humain (donc sans colère, sans souci, humble, plein de gratitude, authentique et dans la compassion), c'est comme s'il permettait aux autres de rayonner toutes les dimensions de leur ÊTRE à leur tour. C'est une question de résonnance.

Avez-vous déjà fait l'expérience de faire sonner des bols de cristal ? Si vous faites jouer un bol dans une pièce et qu'un autre bol de même fréquence, note et octave se trouve dans la salle – même à dix mètres de distance –, ce dernier va se mettre à sonner alors même qu'il n'a pas été touché. C'est assez magique à observer.

Notre vibration primordiale entre en résonnance avec celle des autres êtres vivants (êtres humains, animaux, végétaux, minéraux...) et c'est sur cette loi énergétique que s'appuie le Reiki, comme toutes les pratiques énergétiques ou quantiques.

Observez ce qui se passe avec les jeunes enfants : si vous les regardez en reconnaissant leur grandeur, iels parviendront à surmonter toutes leurs difficultés, porté·e·s par la puissance de votre foi en eux·elles.

Si vous constatez que, parfois, vous sous-estimez des personnes autour de vous, vos enfants, vos parent·e·s, un·e ami·e, même inconsciemment, sans que vous ne disiez ou ne fassiez rien, l'autre – ou plutôt la partie de lui·d'elle qui perçoit tout – va le sentir et en être affecté·e.

Plus vous concentrez vos pensées et donc votre énergie à reconnaître les autres dans leur grandeur, plus vous contribuez à ce qu'iels y accèdent facilement.

CONTES ET TRADITIONS

LES DEUX LOUPS

Un jeune Cherokee court vers son grand-père, assis au bord d'une rivière. On vient de commettre une injustice vis-à-vis de lui et il est très en colère. Le vieux guerrier lui dit : « Laisse-moi te raconter une histoire... Il y a un combat en moi. C'est un combat terrible entre deux loups. L'un est le mal, il est la colère, l'envie, le chagrin, le regret, la cupidité, l'arrogance, l'apitoiement, la culpabilité, le ressentiment, l'infériorité, le mensonge, la fausse fierté, la supériorité et l'ego. L'autre est le bien, il est la joie, la paix, l'amour, l'espoir, la sérénité, l'humilité, la gentillesse, la bienveillance, l'empathie, la générosité, la vérité, la compassion et la foi. Le même combat se déroule à l'intérieur de toi et à l'intérieur de tout le monde. »

Le petit-fils réfléchit pendant une minute puis demande à son grand-père : « Lequel des deux loups gagne[1] ?

— Si tu les nourris correctement, ils gagnent tous les deux, répond simplement le vieux Cherokee. Tu vois, si je choisis seulement de nourrir le loup blanc, le noir se cachera en attendant que je devienne distrait ou faible et il sautera pour obtenir l'attention qu'il recherche. Il sera toujours en colère et combattra toujours le loup blanc. Mais si je le reconnais, il est heureux et le loup blanc est aussi heureux et nous gagnons tous. Car le loup noir a beaucoup de qualités : la ténacité, le courage, l'intrépidité, la volonté et une grande pensée stratégique, dont j'ai parfois besoin et dont le loup blanc manque. Le loup blanc, lui, a de la compassion, de l'attention, de la force et la capacité de reconnaître ce qui est dans l'intérêt de tous. Tu vois, le loup blanc a besoin du loup noir à ses côtés. Nourris seulement l'un des deux et l'autre sera affamé et deviendra incontrôlable. Si tu nourris et prends soin des deux, ils te serviront bien et ne feront rien qui ne fasse partie de quelque chose de plus grand, de bon, de relié à la Vie. Nourris les deux et il n'y aura plus de combat interne pour

1. Vous avez peut-être entendu une version du conte qui s'achevait sur cette réponse : « Celui que tu nourris. » Mais en fait il se poursuit...

avoir ton attention. Et quand il n'y a pas de combat à l'intérieur de toi, tu peux entendre la voix de ton savoir intérieur qui te montre ce qui est juste en toutes circonstances. La paix est la mission de vie cherokee. Un homme ou une femme qui a une paix intérieure a tout. Un homme ou une femme qui est écartelé par un combat intérieur n'a rien. La façon dont tu choisis d'interagir avec les forces opposées à l'intérieur de toi déterminera ta vie. Affame l'une ou l'autre ou prends soin des deux. »

Si vous avez le désir de changer le monde et d'en faire un lieu plus aligné avec vos aspirations de paix et d'amour (celleux qui empruntent un chemin spirituel ont souvent cet élan et c'est logiquement votre cas puisque vous êtes en train de lire ce livre), il est fondamental que vous fassiez ce travail pour vous-même, ce qui aura une incidence sur autrui.

En effet, l'autre est notre miroir. Si vous repérez que vous avez encore l'habitude de ne reconnaître que la grandeur de celleux qui « réussissent » d'après vos critères, il y a de fortes chances que vous continuiez de faire cela pour vous-même. C'est le signe que le précepte de l'humilité n'est encore qu'un concept et que vous ne l'avez pas encore incorporé, vous ne le « vivez » pas véritablement. Tous les aspects de vous-même ne sont pas en train de vivre que votre grandeur EST, que c'est votre essence. Vous êtes encore en train de la conditionner à quelque chose qui devrait être FAIT, qui viendrait de l'extérieur au lieu d'émaner de qui vous êtes, un·e enfant du Divin qui n'a pas à prouver sa grandeur, qui EST la grandeur.

PRATIQUE GUIDÉE
RECONNAÎTRE LA GRANDEUR DE L'AUTRE

Fermez les yeux. Prenez trois respirations profondes dans le ventre. Détendez vos épaules et vos mâchoires.

Prenez un temps pour ralentir votre souffle, allez au bout de votre inspire et au bout de votre expire. Prenez au moins trois respirations ainsi et laissez votre corps se déposer complètement sur le siège un peu plus à chaque expire.

Puis respirez avec la phrase : « Juste pour aujourd'hui, je reconnais la grandeur de [Nom de la personne]. (Pensez à une personne avec qui vous êtes en conflit ou avez des difficultés de communication.) »

Restez quelques instants en silence avec la vibration de ces mots dans votre corps, que vous pouvez vous répéter intérieurement comme s'ils imprégnaient toutes vos cellules.

Que ressentez-vous ? Est-ce qu'il y a des zones qui se réveillent ? (Le cœur, le plexus, la gorge, le ventre...)

Si oui, venez respirer sans forcer dans ces zones. Sinon, restez centré·e sur votre hara, le point situé trois doigts en dessous de votre nombril.

Si vous sentez d'éventuelles résistances, autorisez-vous à les ressentir et les reconnaître. À ce stade, il est possible que la voix de votre juge intérieur·e se réveille : « Difficile de reconnaître la grandeur de X, je le·la trouve trop ceci, pas assez cela... »

Choisissez d'accueillir cette part de vous qui ne reconnaît pas la grandeur de l'autre, qui focalise sur ses ombres.

Vous pouvez lui dire :

> « Pour le moment, tu ne reconnais pas la grandeur de [Nom de la personne] et c'est OK. Cette personne n'a pas à être parfaite selon tes critères pour que tu puisses reconnaître sa grandeur, qui tient à ce qu'elle EST et non à ce qu'elle FAIT.
>
> Je te demande de te focaliser sur sa lumière, de te souvenir qu'elle est un·e enfant du Divin incarné·e dans la matière

et qu'elle est plus puissante et lumineuse qu'il n'y paraît. Si cette personne n'est pas en train de rayonner sa grandeur, c'est soit que tu n'arrives pas à la voir (tu n'es donc pas humble), soit que l'autre ignore sa propre valeur.

Dans les deux cas, tu as le choix : continuer de te concentrer sur la lumière pour créer plus de lumière ou te focaliser sur l'ombre pour créer plus d'ombre. C'est ce que tu nourris qui grandit, c'est ta responsabilité et non celle de l'autre. Tu peux choisir de la reconnaître ou non, cela ne change rien à son essence mais cela transforme la façon dont tu entres en relation avec l'autre donc avec toi-même.

Reçois, cher·ère juge intérieur·e, toute ma compassion. Je vois que tu souffres et je suis là pour toi. »

Laissez faire, ne cherchez rien, laissez-vous juste être et respirer avec ça.

Continuez de respirer avec « Juste pour aujourd'hui, je reconnais la grandeur de X ». Avec le souffle, venez guider la vibration de ce précepte dans toutes les cellules de votre corps, de la tête aux pieds et jusqu'au bout des doigts de pieds et des mains, au niveau des organes, des muscles, de la peau, des os, du sang, de la lymphe... Laissez opérer le soin énergétique que vous êtes en train de vous faire.

Quand vous sentez que vous êtes pleinement nourri·e de cette énergie, reprenez trois respirations profondes dans le ventre. Détendez vos épaules et vos mâchoires. Remettez un peu de mouvement dans vos pieds, dans vos mains et revenez dans l'ici et maintenant.

NB : il est intéressant de faire régulièrement cette pratique avec des gens de votre entourage proche. Cela permet de mesurer ce que ça change au quotidien dans la relation. N'attendez pas nécessairement un conflit, observez déjà ce qui se passe alors même que vous pensez déjà reconnaître la grandeur de l'autre. Vous pourriez être surpris·e.

PARTAGE D'EXPÉRIENCE

Tandis que j'écris ces lignes, je sors d'une séance avec une consultante qui ressentait le besoin de pacifier sa relation avec son ex-compagnon. L'animosité était telle entre eux que la situation s'envenimait alors que du temps était passé depuis leur séparation. Elle avait même dû porter plainte contre lui pour injures. Pour maintenir son emprise sur elle, il utilisait, inconsciemment ou non, leur fille, dont ils partageaient la garde, pour continuer de l'atteindre.

Dans tout couple, nos âmes se rencontrent mais aussi nos blessures qui se mettent en miroir. Même si c'est parfois inconfortable, cela nous les révèle pour que nous puissions nous en occuper. C'est ainsi que nous pouvons évoluer.

Aussi son ancien compagnon ralentissait-il l'organisation du planning de garde en laissant un e-mail sans réponse depuis un mois. Cela la mettait en difficulté, car elle avait besoin de planifier notamment ses déplacements professionnels.

Évidemment, cette absence de réponse faisait ressortir un sentiment de ne pas être respectée. Partagée entre la colère et la tristesse face à cette situation, elle sentait que cela lui prenait une énergie colossale et elle était énervée contre elle-même d'être encore touchée par les faits et gestes de son ex-compagnon.

Ensemble, elle et moi, nous avons mené un travail sur la colère qu'elle ressentait contre lui, contre elle, sur l'inquiétude concernant l'organisation de sa vie professionnelle et la peur des conséquences psychologiques sur leur enfant.

Voici ce qu'a pu lui apporter la pratique du troisième précepte : cette consultante, très intuitive, sentait clairement que la clé pour elle était de pardonner les agissements de son ex-compagnon, que c'était la voie de la libération pour elle et qu'en continuant de « réagir » à ses provocations, elle ne faisait qu'entretenir leur relation néfaste. Si ce n'est que, entre l'envie de pardonner et sa réalisation, il y a parfois un gouffre.

Dans un premier temps, elle a pris le temps de reconnaître et d'accueillir la colère, la tristesse et tout ce qui la traversait en rapport avec cette situation.

Souvent, on veut « forcer » le pardon (soit poussé·e par notre ego spirituel soit parce qu'on a envie de laisser ce qui nous pèse de côté). Or, rappelez-vous : ce n'est pas en chassant les pensées et les émotions qu'elles disparaissent, bien au contraire. Ainsi, après avoir pris tout notre temps pour que chaque blessure soit vue, reconnue, honorée et aimée, nous sommes passées à la pratique du troisième précepte.

Difficile de reconnaître complètement notre propre grandeur quand l'autre ne nous respecte pas. Surtout si nous continuons de fonder notre grandeur/valeur/dignité sur ce que les autres nous renvoient, donc sur quelque chose qui se fait à l'extérieur, difficile de ressentir que nous SOMMES la grandeur/la valeur/la dignité.

Pour alchimiser les parties blessées qui ont été mises à jour avec la pratique des premier et deuxième préceptes, j'ai demandé à ma consultante :

- d'abord de se relier à sa propre grandeur à elle non pas intellectuellement mais vraiment jusqu'à le sentir dans son corps ;
- puis de se relier à la grandeur de son ex-compagnon non pas intellectuellement mais vraiment jusqu'à le sentir dans son corps. Il y a eu des résistances, bien sûr. À chacune d'elles, je lui demandais de se relier à sa propre grandeur à elle, à son soi divin à elle qui est déjà capable de reconnaître, en toutes circonstances, la grandeur de l'autre. Autrement dit, elle s'est reliée à sa dimension divine pour accompagner sa partie humaine vers le pardon.

Je résume le processus mais, en bref, le jeu de va-et-vient dans la reconnaissance de la grandeur de chacun·e a été profondément réparateur.

Quinze minutes après la séance, elle m'a envoyé un SMS pour me faire part du « miracle » qui venait d'avoir lieu : « Mon ancien compagnon vient de répondre à mon e-mail pour organiser la garde de notre fille de manière constructive et sans agressivité. » Quel cadeau ! Mais quel cadeau ! Je crois que nous avons toutes les deux été émerveillées par la puissance du travail qui venait de s'accomplir.

Certaines personnes diront que c'est un pur hasard. Je comprends. Pourtant, j'ai aujourd'hui vécu ou accompagné tant de fois ces libérations transformatrices que je ne peux plus douter. Je suis bien consciente que la pratique avec les préceptes n'est qu'une pièce du puzzle au service du processus, que le cheminement préalable et l'investissement de ma consultante dans sa guérison y sont pour beaucoup. N'empêche. Je ne peux que constater combien cet outil simple et facile d'accès est puissant.

Bien sûr, ça prend parfois plus de temps pour se manifester dans la matière mais, je le répète, plus nous nous relions à notre grandeur et à la grandeur de l'autre, autrement dit plus nous nous relions à la part divine en nous, plus la magie (« l'âme agit ») peut entrer dans notre vie.

PRATIQUE GUIDÉE
HARMONISATION RELATIONNELLE

Fermez les yeux. Prenez trois respirations profondes dans le ventre. Détendez vos épaules et vos mâchoires.

Prenez un temps pour ralentir votre souffle, allez au bout de votre inspire et au bout de votre expire. Prenez au moins trois respirations ainsi et laissez votre corps se déposer complètement sur le siège un peu plus à chaque expire.

Puis respirez avec la phrase : « Juste pour aujourd'hui, je reconnais la grandeur de [Nom de la personne]. (Pensez à une personne avec qui vous êtes en conflit ou avez des difficultés de communication.) »

Restez quelques instants en silence avec la vibration de ces mots dans votre corps, que vous pouvez vous répéter intérieurement comme s'ils imprégnaient toutes vos cellules.

Que ressentez-vous ? Est-ce qu'il y a une zone qui se réveille ? (Le cœur, le plexus, la gorge, le ventre...) En général, notre corps nous indique par un resserrement, une sensation de poids ou une sensation quelconque la zone de notre corps qui est affectée par la relation disharmonieuse que nous vivons avec la personne en question.

Si oui, venez respirer sans forcer dans cette zone. Sinon, respirez dans votre cœur.

Puis imaginez que la personne est assise devant vous ; du moins, demandez à ce que la partie la plus lumineuse en elle, son âme, apparaisse face à vous. Il n'y a pas besoin de « voir » la personne, avec votre intention, cela se fait.

Restez bien centré·e sur votre respiration et imaginez un rayon lumineux entre la zone de votre corps qui s'est réveillée et la partie analogue du corps de l'autre (par exemple, reliez votre cœur à son cœur, ou votre ventre à son ventre).

Restez quelques respirations ainsi à vous habituer à la « présence » de l'autre.

Respirez avec votre intention « [Nom de la personne], je reconnais MA grandeur et je reconnais TA grandeur ». Laissez la vibration de ces mots circuler entre vos deux cœurs (ou deux ventres/plexus/gorges, etc.) et laissez faire.

Si quelque chose résiste en vous, vous pouvez vibrer avec la phrase : « Même si ça n'est pas facile ou évident aujourd'hui pour moi, je choisis de reconnaître MA grandeur et TA grandeur. »

Laissez faire, ne cherchez rien de plus, laissez-vous simplement respirer avec ça.

Avec le souffle, venez guider la vibration de ces mots dans toutes les cellules de votre corps, de la tête aux pieds et jusqu'au bout des doigts de pieds et des mains, au niveau des organes, des muscles, de la peau, des os, du sang, de la lymphe... Laissez opérer le soin énergétique que vous êtes en train de vous faire.

Quand vous sentez que vous êtes pleinement nourri·e de cette énergie, reprenez trois respirations profondes dans le ventre. Détendez vos épaules et vos mâchoires. Remettez un peu de mouvement dans vos pieds, dans vos mains et revenez dans l'ici et maintenant.

Ce troisième précepte nous aide vraiment à rapprocher le plan divin du plan humain, la réalité relative et la réalité absolue, nos imperfections de notre perfection originelle. Il nous enseigne comment être un être humain digne de ce nom.

Quand nous sentons que nous avons bien avancé sur notre compréhension et surtout sur notre expérimentation de l'humilité dans chacune de nos pensées, de nos émotions et de nos actions, nous pouvons travailler avec la gratitude.

> *« Soyons le changement que nous voulons voir dans le monde. »*
>
> Gandhi

■ La puissance de la gratitude et ses bienfaits

Lorsque vous avez pratiqué régulièrement avec « Je reconnais ma grandeur » (et celle de l'autre, ce qui devient redondant quand vous avez intégré que nous ne faisons tou·te·s qu'un), vous pouvez pratiquer avec « Juste pour aujourd'hui, j'ai de la gratitude » puis « Je SUIS la gratitude ».

L'appréciation sincère de ce qui est (ou de ce que nous avons) est très bénéfique autant pour notre santé mentale, psycho-émotionnelle que physique. En ayant de la gratitude pour ce qui est (ou ce que nous avons) plutôt qu'en regrettant ce qui n'est pas (ou que nous n'avons pas), nous repoussons les insatisfactions de notre ego, qui nous illusionne avec des (faux) désirs qui engendrent de nombreuses souffrances.

Je parle de « faux » désirs car, souvent, la forme qu'ils prennent cache le véritable besoin qu'ils mettent en évidence. Nous croyons que nous désirons tel ou tel objet or, au fond, nous avons besoin d'attention, de nous sentir en lien, en sécurité, écouté·e·s, nous avons besoin qu'on reconnaisse notre valeur ou que nous sommes dignes d'être aimé·e·s…

Aucun objet, aucune richesse extérieure, aucune maison, aussi grandiose soit-elle, ne pourra jamais satisfaire ces besoins profonds. Ces éléments peuvent bien sûr être des cerises sur le gâteau et nous pouvons nous en réjouir mais ils ne constitueront jamais le gâteau lui-même.

Autrement dit, rien qui ne vient de l'extérieur ne pourra nous nourrir pleinement et nous faire vivre la joie et la paix d'Être auxquelles nous aspirons : seule la pleine présence qui nous donne accès à la conscience le peut. Quand nous désirons ce qui n'est pas, nous nous focalisons sur le manque et le futur, si ce n'est que, vous vous souvenez, demain n'existe pas. Nous perdons donc notre énergie inutilement.

Comment vous sentez-vous à la fin de la journée si vous n'avez fait que désirer ce que vous n'avez pas (compagnon·e de vie, maison, vacances, argent, santé…) ? Quel est votre niveau d'énergie ? Votre corps est-il ouvert ou fermé ? Votre respiration est-elle profonde ou superficielle ? Observez votre visage : respirez-vous la joie de vivre ou êtes-vous renfrogné·e ? Vous sentez-vous en paix, plein·e d'amour pour vous-même, les autres et la vie ?

La réponse est évidemment « non », et, souvent, quand nous sommes dans cet état, nous repeignons tout en noir, notre niveau d'énergie baisse et c'est dans ces moments-là que nous entrons en conflit avec nos proches ou que des difficultés, petites ou grandes, surviennent dans notre vie.

Souvenez-vous : nous attirons ce que nous vibrons. Si nous sommes persuadé·e·s que nous sommes malchanceux·ses, nous allons attirer à nous de la malchance.

Cela ne se fait pas dans la seconde, rassurez-vous, c'est tout un processus que la pratique des préceptes nous permet de renverser à notre avantage.

Nous avons trois super-pouvoirs : nos pensées, nos paroles et nos actions. Toutes sont agissantes, il est important d'en avoir conscience.

En « pensant » que votre vie est misérable, vous créez ce en quoi vous croyez.

En « disant » que votre vie est misérable, vous créez ce que vous dites.

Nos paroles sont fortement créatrices, nous avons tendance à l'oublier. Du moins, c'était le cas quand nous ne reconnaissions pas notre grandeur. Mais c'est du passé, n'est-ce pas ? Si nous prenons en compte que nous sommes des enfants du Divin, nous savons que nous créons avec nos mots : « Au commencement était le Verbe. » Nous avons le choix : nous pouvons « bénir » ou « maudire » notre vie.

IL Y A DES MOMENTS OÙ CETTE MAUVAISE HABITUDE DE SE FOCALISER SUR CE QUI NE « VA PAS » SELON NOS CRITÈRES REVIENDRA, MAIS, EN ÉTANT VIGILANT·E·S, NOUS POUVONS LA CONTRECARRER DE PLUS EN PLUS RAPIDEMENT.

La pratique consciente de la gratitude nous aide à inverser le processus et à retrouver un cercle créateur vertueux.

PRATIQUE GUIDÉE

LA GRATITUDE (CONSEILLÉE LE SOIR OU EN FIN DE JOURNÉE)

Fermez les yeux. Prenez trois respirations profondes dans le ventre. Détendez vos épaules et vos mâchoires.

Prenez un temps pour ralentir votre souffle. Allez au bout de votre inspire et au bout de votre expire. Prenez au moins trois respirations ainsi et laissez votre corps se déposer complètement sur le siège un peu plus à chaque expire.

Puis respirez avec la phrase : « Juste pour aujourd'hui, j'ai de la gratitude pour… » (Complétez la phrase avec tout ce qui vous vient spontanément, pourquoi pas en scannant votre journée chronologiquement.) Prenez le temps d'apprécier et de célébrer toutes les bénédictions, petites ou grandes.

NB : il est vraiment intéressant de vous concentrer au début sur les toutes petites choses, des choses que votre ego considère comme acquises, basiques, voire banales : « j'ai un toit sur la tête », « j'ai de quoi manger à ma faim », « je suis vivant·e »…

Il ne s'agit pas juste de le « dire », il s'agit de « ressentir » réellement ces situations comme des bénédictions.

Notre ego nous pousse à oublier la magie de la vie : pourtant, il suffit d'un rhume pendant plusieurs jours avec un nez bien bouché pour savourer chaque inspire et chaque expire quand nous allons mieux. L'idée est de ne pas attendre d'être malade pour savourer ce qui est là. Plus nous mettons notre attention, donc notre énergie, à apprécier ce qui est petit, plus ce qui est petit et facilement accessible prend une saveur unique et prodigieuse. Cela nous plonge dans un état d'Être où nous sommes pleinement nourri·e·s, pleinement satisfait·e·s. Cela nous permet de goûter la joie et la paix d'Être, qui est notre état naturel (avant que notre ego s'en mêle).

Quand vous sentez que votre « liste » de gratitudes est achevée, vous pouvez rester quelques respirations avec le précepte « Juste pour aujourd'hui, je suis la gratitude ».

Restez quelques instants en silence avec la vibration de ces mots dans votre corps, que vous pouvez vous répéter intérieurement comme s'ils imprégnaient toutes vos cellules. Laissez faire, ne cherchez rien de plus, laissez-vous simplement respirer avec ça.

Avec le souffle, venez guider la vibration de ces mots dans toutes les cellules de votre corps, de la tête aux pieds et jusqu'au bout des doigts de pieds et des mains, au niveau des organes, des muscles, de la peau, des os, du sang, de la lymphe… Laissez opérer le soin énergétique que vous êtes en train de vous faire.

Quand vous sentez que vous êtes pleinement nourri·e de cette énergie, reprenez trois respirations profondes dans le ventre. Détendez vos épaules et vos mâchoires. Remettez un peu de mouvement dans vos pieds, dans vos mains et revenez dans l'ici et maintenant.

■ Être la gratitude en toutes circonstances : la version la plus aboutie de l'humilité

Souvent, nous limitons la pratique de la gratitude à une focalisation sur le « positif » alors que Mikao Usui nous propose d'aller beaucoup plus loin, beaucoup plus en profondeur vers notre véritable essence, vers la « grande lumière brillante » que nous sommes.

L'idée même de « positif » ou de « négatif » appartient à la réalité relative : comment le témoin en nous regarde telle ou telle situation ? Il s'agit d'une réalité subjective qui dépend uniquement de cellui qui regarde : l'ego, le tyran intérieur, la partie de nous qui se sent victime... Le fait est coloré par les jugements du·de la témoin. Dans la réalité absolue, du point de vue de la conscience, le bien et le mal n'existent pas. Il n'y a donc pas d'événements positifs ou négatifs, il y a des événements, ni plus ni moins.

Mikao Usui nous invite à nous entraîner à nous relier à notre grand « je suis », à notre être authentique, à notre conscience qui est capable de tout accueillir, de tout recevoir avec gratitude, non seulement les cadeaux « évidents » de la vie mais aussi les bénédictions cachées.

Plus nous prenons le temps d'accueillir et de savourer les cadeaux « évidents », plus il est aisé d'entrer en rapport avec ceux qui ont, disons, une forme moins engageante, car nous sommes porté·e·s par l'énergie de gratitude qui n'est plus seulement ce que nous FAISONS de temps en temps mais ce que nous SOMMES ou ce que nous sommes (re)devenu·e·s fondamentalement.

Dans un sens, c'est simple mais ce n'est pas forcément facile dans la réalité ordinaire. Pour que ça le devienne, nous avons besoin de nous entraîner. Les préceptes nous y aident. Ils permettent d'effectuer la gymnastique mentale nécessaire pour naviguer de la réalité relative à la réalité absolue, de nos limitations humaines à l'être infini et divin que nous sommes.

Par exemple, si vous êtes malade et que vous laissez votre ego se saisir de ce fait, voici les pensées que cela peut générer :

- « Je suis faible » ;
- « Je ne veux pas être malade, c'est mieux d'être en bonne santé » ;
- « Je souffre, la condition humaine n'est faite que de souffrances... Est-ce que j'irai mieux un jour ? Est-ce que je vais guérir ? » ;
- si vous avez repris votre pouvoir et votre responsabilité mais que votre bourreau intérieur fait un usage immodéré du fait que nous créons notre réalité, ça peut donner : « Qu'est-ce que j'ai raté pour tomber malade : je mange sain, je fais du sport, je médite, qu'est-ce que j'ai fait de mal ? La vie est injuste ! Pourquoi moi ? »
- ... (Je vous laisse compléter.)

Si vous vous placez du point de vue de la conscience, si vous vous dites que l'important n'est pas la situation elle-même mais ce que vous en faites, vous pouvez vous relier à ce que vous apprend cette situation :

- « Et si c'était une opportunité de ralentir, de m'accorder du temps et du repos ? »
- « Et si je me reliais à la sagesse de mon corps, qui me montre que quelque chose est en déséquilibre dans ma vie, que des besoins profonds ne sont pas suffisamment respectés ? »
- « Et si vivre cette souffrance et cette peur m'aidaient à mieux apprécier quand je suis en bonne santé et à vivre pleinement sans m'inquiéter sans cesse pour des choses futiles ? Et si la rencontre avec mon humanité limitée dans le temps me permet de profiter davantage de la vie, tant qu'elle est là ? »
- « Et si cela me permettait de gagner en compassion en comprenant mieux ce que traversent d'autres personnes ? »
- « Et si... » (Je vous laisse compléter.)

« DE LA CHANCE, PAS DE CHANCE, ON VERRA »

Il était une fois un vieil homme qui avait un ranch. Il possédait un cheval sauvage magnifique que son voisin lui enviait : « Quelle chance d'avoir un animal si beau et si fougueux ! Si tu le vendais, il pourrait faire ta fortune, vieillard.

— De la chance, pas de chance, on verra... », répondait immanquablement le vieillard.

Un jour, son fils se mit en tête de dompter l'étalon et fit une chute assez grave. Il était immobilisé pour au moins trois mois.

Le voisin vint voir le vieil homme et lui dit : « Quelle malchance que ton fils se soit blessé !

— De la chance, pas de chance, on verra... », répondit calmement le vieil homme.

Deux mois plus tard, la guerre fut déclarée. Le fils, encore en convalescence, échappa à la mobilisation.

« Quelle chance que ton fils se soit blessé ! Tu n'auras pas l'inquiétude de le savoir à la guerre, s'empressa de commenter le voisin.

— De la chance, pas de chance, on verra... », répondit le vieillard.

La nuit suivante, un terrible orage éclata, le magnifique cheval eut peur et profita des dégâts faits sur la clôture pour s'échapper de son enclos.

« Quelle malchance, tout de même ! » dit le voisin.

Là encore, invariablement, le vieil homme déclara : « De la chance, pas de chance, on verra... »

Quelques semaines passèrent et, un matin, le cheval sauvage reparut, suivi de plusieurs congénères.

Le voisin revint et le vieil homme répondit comme toujours : « De la chance, pas de chance, on verra... »

Parfois, des événements viennent sérieusement perturber nos habitudes et notre équilibre : séparation, licenciement, deuils, maladies et j'en passe… Sur le moment, nous pouvons les regarder comme des échecs ou des événements négatifs, mais, souvent, avec le temps, nous mesurons combien ces expériences ont pu être sources d'enseignements, combien ils nous ont fait grandir, évoluer. Ces défis nous ont permis de faire surgir et de développer des ressources et des aptitudes dont nous n'avions pas conscience.

PENDANT LA SECONDE GUERRE MONDIALE, DES PERSONNES EN APPARENCE ORDINAIRES SE SONT AVÉRÉES AVOIR UN COURAGE HORS DU COMMUN ET ÊTRE CAPABLES DE RISQUER LEUR VIE POUR DÉFENDRE LEURS IDÉAUX. C'EST DANS L'ÉPREUVE QU'ELLES SE SONT RÉVÉLÉES.

Soit nous jugeons que les défis ont le pouvoir de nous mettre à terre, soit nous choisissons de les voir comme des opportunités, des bénédictions cachées : des occasions de transformer le plomb - ce qui nous plombe - en or.

« De la chance, pas de chance, on verra… »

La pratique de la gratitude quelles que soient les circonstances nous invite à nous entraîner à tout accueillir avec cet état d'esprit : ce n'est pas le fait qui importe mais la façon dont nous regardons le fait. C'est une manière de se relier avec confiance en l'abondance de la vie. Ce n'est pas toujours facile à mettre en œuvre concrètement, mais c'est vital si nous voulons préserver notre énergie. Pour y parvenir, il n'y a pas de secret : pratiquez, pratiquez, pratiquez.

PRATIQUE GUIDÉE

LA GRATITUDE POUR UNE SITUATION QUI SEMBLE « DÉFAVORABLE »

Fermez les yeux. Prenez trois respirations profondes dans le ventre. Détendez vos épaules et vos mâchoires.

Prenez un temps pour ralentir votre souffle. Allez au bout de votre inspire et au bout de votre expire. Prenez au moins trois respirations ainsi et laissez votre corps se déposer complètement sur le siège un peu plus à chaque expire.

Puis respirez avec la phrase « Juste pour aujourd'hui, j'ai de la gratitude pour… » (Indiquez une situation qui n'a pas l'air favorable au premier abord.)

Respirez un instant avec la phrase et laissez sa vibration imprégner toutes les cellules de votre corps.

Que ressentez-vous ? Est-ce qu'il y a des zones qui se réveillent ? (Le cœur, le plexus, la gorge, le ventre…)

Si oui, venez respirer sans forcer dans ces zones. Sinon, restez centré·e sur votre hara, le point situé trois doigts en dessous de votre nombril.

Si vous sentez d'éventuelles résistances, autorisez-vous à les ressentir et les reconnaître. À ce stade, il est fortement possible que la voix de votre ego se réveille : « Difficile d'avoir de la gratitude alors que j'ai mal à…, alors que je souffre parce que…, alors que je viens de perdre… »

Choisissez d'accueillir cette part de vous qui a du mal à ne pas juger la situation et pour qui il est difficile d'être dans la gratitude de la conscience.

Vous pouvez lui dire :

> « Pour le moment, tu as du mal à voir les bénédictions cachées derrière cette situation et c'est OK.
>
> Je te propose de te souvenir de ta grandeur et de te relier à elle. Quelle expérience de cette situation ferais-tu si tu voyais tout avec le regard de ton être authentique, capable

d'accueillir tout avec gratitude et même en ÉTANT la gratitude elle-même ? Permets-toi de sentir quelles seraient tes pensées si tu choisissais d'être la gratitude.

Il y a une part de toi qui sait déjà comment être la gratitude dans cette situation et tu peux poser l'intention de te laisser inspirer par elle jusqu'à ce que tu le sentes vibrer dans toutes les cellules de ton corps.

Juste pour aujourd'hui, je SUIS la gratitude, je choisis d'être la gratitude. »

Restez quelques instants en silence avec la vibration de ces mots dans votre corps, que vous pouvez vous répéter intérieurement comme s'ils imprégnaient toutes vos cellules. Laissez faire, ne cherchez rien de plus, laissez-vous simplement respirer avec ça.

Avec le souffle, venez guider la vibration de ces mots dans toutes les cellules de votre corps, de la tête aux pieds et jusqu'au bout des doigts de pieds et des mains, au niveau des organes, des muscles, de la peau, des os, du sang, de la lymphe… Laissez opérer le soin énergétique que vous êtes en train de vous faire.

Quand vous sentez que vous êtes pleinement nourri·e de cette énergie, reprenez trois respirations profondes dans le ventre. Détendez vos épaules et vos mâchoires. Remettez un peu de mouvement dans vos pieds, dans vos mains et revenez dans l'ici et maintenant.

EN RÉSUMÉ

- Je suis humble, c'est-à-dire je reconnais ma grandeur.
- Plus je reconnais ma grandeur, plus j'aide les autres à la voir et la reconnaître : je crée ce en quoi je crois.
- Plus je pacifie ma relation avec moi-même, plus il est facile d'être dans un lien juste avec les autres.
- Un événement n'est ni bon ni mauvais : tout dépend du regard que je choisis de porter sur lui. Ce choix fait monter ou baisser mon énergie.
- Plus je reconnais ma grandeur, plus j'inspire les autres à agir avec dignité et grandeur : la contamination bien heureuse.
- Je reconnais la grandeur de l'autre pour pacifier mes relations avec les autres (donc avec moi-même).
- Je cultive l'appréciation et la gratitude pour focaliser mon énergie et créer plus d'abondance.
- Je cultive la gratitude en toutes circonstances, plein·e de compassion pour moi-même quand c'est difficile. Les techniques de libérations émotionnelles restent mes alliées.
- Avec la pratique de l'humilité et de la gratitude, je fais grandir et renforce ma foi en moi et en la vie.

QUATRIÈME PRÉCEPTE : *GYO O HAGEME*, « JE SUIS AUTHENTIQUE SUR MON CHEMIN DE VIE »

Gyo o hageme peut se traduire par « Je suis honnête dans mon travail » ou par « Je suis authentique sur mon chemin de vie ».

Je propose de conserver la seconde formulation car, à un certain stade de développement, être honnête, c'est assez facile. J'entends ici l'honnêteté que nous enseignons aux enfants avec la notion du bien et du mal, de ce qui se fait et ne se fait pas, ce qui est légal ou ne l'est pas. Quant à la notion de travail, en France, la sémantique limiterait le précepte à un métier. Or tout le monde a un « travail » fondamental : celui que nous avons à accomplir sur terre, autrement dit notre chemin de vie, ce que nous sommes venu·e·s apprendre, ce que nous sommes venu·e·s apporter au monde.

La seconde formulation me paraît donc plus adéquate, car avec ce précepte il s'agit d'être congruent·e à qui nous SOMMES dans tout ce que nous FAISONS. C'est un idéal à atteindre, sans pression, juste pour aujourd'hui. Être véritablement authentiques, être fidèles à notre vérité intérieure, à qui nous sommes vraiment et ce dans tous les domaines de notre existence est un défi encore plus ambitieux que celui d'être seulement honnêtes, vous en conviendrez.

D'autant que pour être en vérité avec nous-mêmes, nous avons besoin de bien nous connaître, au-delà des masques qu'on nous a fait porter ou que nous avons nous-mêmes choisi de porter, consciemment ou non. Pour ÊTRE et AGIR de manière authentique, une introspection fine est nécessaire.

Mikao Usui nous enseigne comment retrouver le chemin vers notre authenticité véritable, pour devenir un meilleur être humain et entretenir notre énergie vitale.

■ Première étape : être en vérité avec notre degré d'authenticité aujourd'hui, être en vérité avec nous-mêmes d'abord

L'authenticité a à voir avec la vérité de qui nous sommes.

Du point de vue de la réalité absolue, nous sommes de « grandes lumières brillantes » incarnées dans une réalité relative où « nous sommes des êtres humains ». Nous sommes les deux. Les deux assertions sont exactes sur un plan différent.

Nous avons vu que pour être en vérité avec notre vrai « moi », qui est non-colère et non-souci, nous avions besoin de prendre un temps d'accueil avec la partie de nous qui a l'impression d'être en colère ou de se faire du souci pour pouvoir la transcender.

Pour le dire autrement : quand nous nous sentons en colère ou que nous nous faisons du souci, nous sommes en rapport avec la vérité subjective de notre ego et non la vérité absolue de notre être authentique.

En pratiquant avec les premier et deuxième préceptes, nous apprenons à nous désidentifier de notre ego, de notre petit « moi », ce qui nous permet d'être davantage relié·e·s à notre être authentique. Grâce au troisième précepte, nous nous souvenons de notre grandeur et, mu·e·s par la pratique de la gratitude, nous apprenons à aller au-delà des apparences et à nous reconnaître comme de « grandes lumières brillantes ».

Nous ne pouvons toucher à notre authenticité véritable qu'avec une véritable écoute intérieure et un discernement pour saisir qui parle ou s'exprime en nous dans telle ou telle situation.

- « Est-ce mon ego blessé qui s'exprime ? »
- « Est-ce mon être authentique qui s'exprime ? »
- « Qu'est-ce que je pourrais guérir de mon ego blessé qui pourrait m'amener un pas de plus vers mon être authentique ? »

Les introspections avec les préceptes nous aident à mettre en lumière ces « voix en présence » et à choisir de créer à partir de la conscience, à partir de notre « grand moi ».

Comme pour l'histoire cherokee avec le loup blanc et le loup noir (voir « Contes et traditions : "Les deux loups" », page 93), il s'agit d'écouter et de faire dialoguer les deux à la recherche du juste équilibre. Qui nous sommes vraiment se situe quelque part dans cet entre-deux ; le symbole yin-yang du Tao en est une illustration.

Nous ne laissons pas libre cours à la colère, mais nous écoutons les transformations lumineuses qu'elle nous transmet. La colère nous permet d'être assertif·ve·s et de faire respecter notre intégrité.

Nous ne nous laissons pas submerger par les soucis, mais nous écoutons, recevons, honorons et guérissons les parties de nous qui sont blessées et qui se présentent pour être soignées : chaque « crise » est une opportunité de guérison qui nous relie davantage à notre moi authentique, inaltérable, à l'être infini que nous sommes ou encore à la « grande lumière brillante » que nous sommes.

Nous pouvons nous servir de l'énergie de la colère et du souci pour gagner en vérité avec le « petit moi », condition nécessaire pour mieux nous relier à l'être authentique du « grand moi ».

Aussi, ce n'est pas un hasard si ce précepte est le quatrième : pour être le·la plus authentique possible, aujourd'hui, nous avons besoin d'être la non-colère, le non-souci, l'humilité et la gratitude.

Il ne s'agit pas de se mettre la pression : c'est un idéal à atteindre qui nous permet de préserver notre énergie, donc notre bien-être.

Le précepte est un tamis qui nous permet d'observer sans jugement où nous en sommes aujourd'hui avec notre vérité intérieure :

- « Est-ce que je suis fidèle à moi-même, à ce qui me fait vibrer ? »
- « Est-ce que je suis authentique avec ma famille ? »
- « Est-ce que je suis authentique avec mon·ma partenaire de vie ? »
- « Est-ce que je suis fidèle à ma vérité intérieure dans mon travail ? »
- « Est-ce que je suis authentique avec mes ami·e·s ? »
- « Y a-t-il des situations dans lesquelles je manque d'authenticité ? Des moments où je n'ose pas ou ne me permets pas d'exprimer ma vérité ? Qu'est-ce qui m'en empêche ? »

Comme pour la colère ou le souci, ce qui est vu est sauvé. Quand nous voyons ce qui déséquilibre notre flux d'énergie, nous pouvons faire un choix différent et changer cette mauvaise habitude qui ne sert pas notre bien-être et notre évolution.

PRATIQUE GUIDÉE

ÊTRE AUTHENTIQUE DANS VOTRE TRAVAIL

Fermez les yeux. Prenez trois respirations profondes dans le ventre. Détendez vos épaules et vos mâchoires.

Prenez un temps pour ralentir votre souffle. Allez au bout de votre inspire et au bout de votre expire. Prenez au moins trois respirations ainsi et laissez votre corps se déposer complètement sur le siège un peu plus à chaque expire.

Puis respirez avec la phrase : « Juste pour aujourd'hui, je suis fidèle à moi-même, je suis fidèle à ma vérité intérieure, la vérité de mon grand moi. »

Respirez un instant avec la phrase et laissez sa vibration imprégner toutes les cellules de votre corps.

Que ressentez-vous ? Est-ce qu'il y a des zones qui se réveillent ? (Le cœur, le plexus, la gorge, le ventre...)

Si oui, venez respirer sans forcer dans ces zones. Sinon, restez centré·e sur votre hara, le point situé trois doigts en dessous de votre nombril.

Si vous percevez d'éventuelles résistances, autorisez-vous à les ressentir et à les reconnaître.

À ce stade, il est possible que vous ressentiez une dissonance entre l'affirmation « Je suis pleinement authentique » et la vérité de votre être qui peut se réveiller pour vous aider à vous réajuster (*via* des sensations corporelles, des émotions, des pensées qui surviennent). Peut-être qu'une situation vous revient, dans laquelle vous ne vous êtes pas senti·e à cent pour cent authentique...

Si c'est le cas, vous pouvez vibrer avec la résonnance de ces mots à l'intérieur ou à haute voix, quitte à la répéter jusqu'à ce que vous vous sentiez plus aligné·e comme si vous étiez en train d'accorder votre instrument, votre corps, avec ce que vous souhaitez vibrer davantage : votre véritable nature.

> « Je choisis d'accueillir cette part de moi qui a du mal à être à cent pour cent authentique, aujourd'hui, dans cette

situation. Je sais qu'en mettant en lumière cela, je fais un pas important vers plus d'authenticité donc plus d'énergie vitale. Même si c'est difficile, j'accepte d'être en vérité avec mon manque d'authenticité du moment, c'est le meilleur moyen de pacifier ce qui a besoin de l'être en moi. Si cela apparaît clairement devant moi aujourd'hui, c'est que cela est prêt à être alchimisé, à être guéri.

Je me relie à qui je suis vraiment, à ma "grande lumière brillante" pour qu'elle me guide pour redevenir l'être authentique que je suis déjà en toutes circonstances. »

Restez quelques instants en silence avec la vibration de ces mots dans votre corps (qui peuvent vous sembler illogiques dans la structure. Faites confiance à la résonnance plus qu'au sens, on ne s'adresse pas à votre mental ici), que vous pouvez vous répéter intérieurement (ou à haute voix) comme s'ils imprégnaient toutes vos cellules.

Laissez faire, ne cherchez rien de plus, laissez-vous simplement respirer avec ça.

Avec le souffle, venez guider la vibration de ces mots dans toutes les cellules de votre corps, de la tête aux pieds et jusqu'au bout des doigts de pieds et des mains, au niveau des organes, des muscles, de la peau, des os, du sang, de la lymphe... Laissez opérer le soin énergétique que vous êtes en train de vous faire.

Quand vous sentez que vous êtes pleinement nourri·e de cette énergie, reprenez trois respirations profondes dans le ventre. Détendez vos épaules et vos mâchoires. Remettez un peu de mouvement dans vos pieds, dans vos mains et revenez dans l'ici et maintenant.

Lorsque vous êtes enfin en vérité avec vous-même – que le constat soit jugé par votre mental comme agréable ou non, que vous soyez aujourd'hui à quarante, soixante, quatre-vingts ou cent pour cent authentique –, remerciez-vous d'avoir le courage de voir où vous en êtes, juste pour aujourd'hui. Juste cela, juste pour aujourd'hui, c'est déjà très transformateur car, tant que vous ne savez pas clairement ce qu'il en est, impossible d'évoluer.

Plus vous allez pratiquer, plus cela va être simple pour vous de vibrer votre être authentique dans tout ce que vous ÊTES et dans tout ce que vous FAITES.

Après avoir réalisé cette première étape, être en vérité avec votre degré d'authenticité, il est temps maintenant d'apprendre à l'exprimer aux autres, à vous montrer vrai·e devant eux·elles.

■ Deuxième étape : être fidèle à soi dans notre relation aux autres, respecter notre intégrité, devenir assertif·ve

Quand je parle d'authenticité ici, il ne s'agit pas d'être sans aucun filtre en toutes circonstances et avec toutes les personnes rencontrées.

Ce n'est pas de l'authenticité de raconter votre vie sexuelle à vos parent·e·s ou à vos enfants sous prétexte qu'il faudrait être sincère.

Ce n'est pas de l'authenticité de donner votre avis sur tout et n'importe quoi, surtout quand on ne vous l'a pas demandé.

Ce n'est pas de l'authenticité que de vous présenter à un·e nouvel·le employeur·se en affirmant : « Je suis la grande lumière brillante, c'est Mikao Usui qui l'a dit ! »

Je plaisante, j'exagère un peu, mais j'en appelle vraiment à votre discernement, c'est important. Il s'agit d'apprendre à vivre et à communiquer avec les autres. D'ailleurs, si nous nous rappelons que, fondamentalement, l'autre c'est moi et moi c'est l'autre, ça passe d'abord par une relation pacifiée entre soi et soi-même comme nous l'avons dit plus haut.

Nous avons besoin d'apprendre à être vrai·e·s et intègres sans laisser libre cours à toutes nos pensées sans pour autant censurer sans cesse nos véritables aspirations et notre spontanéité créatrice. Ce n'est pas toujours facile mais, là encore, le précepte est comme un phare qui nous aide à déambuler avec plus de conscience.

Pour le dire autrement, quand un·e enfant refuse de se brosser les dents avant d'aller dormir, iel n'est pas en train d'affirmer sa vérité intérieure. Ce n'est donc pas restreindre son authenticité que de lui apprendre à prendre soin de sa santé bucco-dentaire. En revanche, s'iel témoigne du désir de faire de la danse et non de la boxe et même si cela s'oppose aux attentes d'un·e parent·e ou de la société, ce serait l'éteindre que de l'y contraindre. Le film *Billy Elliott* en est une belle illustration.

Nous présenter dans notre vérité peut parfois – souvent – nous faire nous sentir vulnérables ou nous sembler difficile, voire impossible, mais c'est vital si nous voulons rester en énergie et en harmonie avec nous-mêmes et donc avec les autres.

Autant nous n'avons pas à rendre compte de notre orientation sexuelle à notre employeur·se, autant, si nous avons envie de présenter notre partenaire à notre famille, cela peut sembler nécessaire de partager cette vérité intérieure avec eux.

Si notre partenaire a un comportement qui ne nous convient pas et que nous souhaitons rester avec lui·elle, il est important que nous exprimions notre vérité intérieure pour avancer dans la relation.

Souvent, ce qui nous empêche d'être en vérité, c'est la peur ; notamment celle d'être rejeté·e, de ne plus être aimé·e, nous y reviendrons dans la partie « L'un des plus grands freins à l'authenticité : la peur » p. 125.

Dans les deux exemples évoqués ci-dessus, plus vous allez mettre du temps à partager votre vérité, plus vous allez perdre d'énergie car, pendant ce temps, vous jouez un rôle, vous n'êtes pas pleinement vous-même. Or tout ce qui n'est pas vous est un abat-jour, une branche ou un rocher dans votre rivière intérieure. Cela vous affecte et cela affecte votre relation à l'autre. Cela génère de la colère, du souci, un manque d'humilité et de gratitude.

C'est là où nous voyons que le travail avec les préceptes est plus circulaire que linéaire : plus nous sommes authentiques, moins nous sommes en colère, moins nous nous faisons de souci. Moins nous sommes en colère, moins nous nous faisons de souci, plus il nous est facile d'être authentique.

Même dans des situations d'inauthenticité qui ne paraissent pas trop graves, qui semblent ne pas trop nous affecter, notre énergie vitale est touchée. Plus nous nous laissons être inauthentiques dans ces petites situations de la vie quotidienne, plus il nous sera difficile de rester authentiques quand les enjeux seront plus importants. C'est pourquoi Mikao Usui nous invite à pratiquer tous les jours, avec patience et persévérance, pour ne pas laisser la poussière s'accumuler sous le tapis.

Par exemple : si un·e ami·e vous demande, tout·e pimpant·e, ce que vous pensez de sa nouvelle tenue et que vous avez l'impression qu'on vient de vous brûler un œil tant ça vous semble vilain, de quel degré d'authenticité allez-vous être capable aujourd'hui ?

- Est-ce que vous allez pouvoir lui dire votre vérité avec une parole impeccable si vous vous sentez en colère qu'iel vous mette dans cette situation impossible ?
- Est-ce que vous pouvez lui dire votre vérité si vous avez peur de le·la blesser ?
- Est-ce que vous pouvez lui dire votre vérité si vous ne reconnaissez pas votre grandeur et sa grandeur ?

De quel degré d'authenticité êtes-vous capable aujourd'hui ?

- Quarante pour cent : « Oui, c'est très beau. »
- Soixante-dix pour cent : « Les couleurs te vont bien. »
- Cent pour cent : « Ce n'est pas du tout mon style, comme tu le sais, mais je suis heureux·se de voir que cette tenue te plaît, à toi. »

PARTAGE D'EXPÉRIENCE

Je me souviens de mon initiation au Reiki Shoden (niveau 1 de la voie japonaise du Reiki). Je n'avais pas réalisé que ce serait si intense et, en sortant, j'ai ressenti un besoin profond de silence pour intégrer toutes les belles découvertes du stage. Pourtant, je m'étais engagée à aller à la soirée d'anniversaire d'une amie. J'ai tout de suite compris que c'était l'occasion de pratiquer les préceptes.

J'ai eu peur que mon amie se vexe et croie que son anniversaire ne comptait pas pour moi, donc qu'elle ne comptait pas pour moi, donc qu'elle ne m'aime plus. (Oui, ça peut aller vite quand mon ego blessé s'active, pas vous ?)

Je me sentais un peu égoïste de faire passer mes besoins en premier donc je me suis sentie un peu en colère contre moi. Je m'étais engagée et j'étais déçue de ne pas être capable de tenir ma promesse. En même temps, j'aurais dû prévoir que j'allais être fatiguée, quelle quiche ! Et puis qui suis-je pour faire passer mon confort avant celui de mon amie ? Ah oui, j'avais oublié ma grandeur… et la sienne.

Comme le mental est parfois tordu – car c'est bien la vérité tronquée de mon ego qui avait pris un temps le volant –, j'ai commencé à projeter notre conversation au téléphone quand je l'avertirai de mon désistement tardif.

J'ai alors senti monter en moi de la colère contre elle, anticipant (ayant peur d') une réaction négative. Je l'ai imaginée essayant de me convaincre de prendre sur moi, qu'un anniversaire ce n'est pas tous les jours, tentant même de me culpabiliser. La culpabilisation est un outil puissant de manipulation que les gens utilisent souvent pour que l'autre ressente de la colère contre lui-même et change d'avis. Sur moi, cette stratégie – que je décèle assez bien – a plutôt tendance à me mettre en colère contre cellui qui l'utilise. Je me suis mise à la trouver à mon tour égoïste de ne pas comprendre mon besoin : le silence et le calme sont très importants pour l'intégration, tout le monde sait ça. Une initiation au Reiki, ce n'est pas non plus tous les jours, et blablablabla et gnagnagnagna…

Nous sommes bien d'accord que ce scénario catastrophe et un rien dramatique (à peine !) était purement imaginaire, mûrement échafaudé par mon ego blessé.

Grâce aux enseignements des préceptes (et à pas mal d'autodérision), j'ai réussi à devenir la témoin bienveillante de mon mental *drama queen* : j'ai alors réalisé que j'avais du mal à me relier à la **grandeur** de mon amie et que je ne me permettais pas d'être pleinement **authentique** devant elle.

Avant de l'appeler, j'ai donc pris un peu de temps pour reconnaître toutes ces voix intérieures avec conscience et compassion :

- C'est OK de ne pas avoir anticipé ma fatigue, à l'avenir je ferai autrement.
- J'ai le droit de prendre en compte mon besoin profond aujourd'hui. Je suis le meilleur père et la meilleure mère pour moi et je m'autorise à m'écouter.
- Le premier engagement et la première loyauté, je me les dois d'abord à moi-même.
- À sa place, j'aimerais qu'elle soit **authentique**, je n'aimerais pas qu'elle se force à venir à mon anniversaire alors qu'elle a besoin d'être au calme, j'aimerais qu'elle me fasse confiance pour comprendre.
- **Gratitude** d'avoir l'occasion d'éprouver aussi vite : alors les préceptes, ça « marche » ?

À peine avais-je reconnu et accueilli la **colère** et la **peur** en moi que je les ai senties s'estomper d'elles-mêmes.

J'ai pris un temps pour me rappeler MA **grandeur** : je suis digne de poser mon cadre, d'être à l'écoute de mes besoins profonds, j'ai en moi les capacités de communiquer clairement à mon amie ce qui me traverse.

J'ai pris un moment pour me rappeler SA **grandeur** et j'ai posé l'intention de me relier à la partie la plus lumineuse en elle : elle est

capable de comprendre mes besoins et de me dire
ce que mon désistement lui fait.

Résultat : j'ai choisi de me montrer pleinement **authentique**, en vérité avec mes besoins du jour et les émotions qui m'avaient traversée avant que je l'appelle.

Même si elle était un peu déçue de ne pas me voir – ce qu'elle m'a dit clairement en étant en vérité avec elle sans pour autant me faire porter la responsabilité de son ressenti –, elle m'a expliqué qu'elle comprenait et qu'elle avait hâte que je lui raconte ma découverte du Reiki.

Quel soulagement ! J'étais à la fois surprise que ça puisse être si simple et en même temps j'ai réalisé que c'était moi qui avais transformé par le passé des situations neutres en situations difficiles. J'ai pris conscience qu'à force d'imaginer toujours les pires scénarii (**peur**), je les provoquais. J'ai surtout compris, à cet instant, que la découverte du Reiki allait changer ma vie.

Par la suite, elle m'a expliqué que cet épisode avait été **inspirant** pour elle. Elle s'était doutée que ça n'était pas simple pour moi de me désister au dernier moment : elle connaissait mon côté intègre, loyal, qui respecte ses engagements. Elle a réalisé qu'il lui était arrivé très souvent de dire « oui » à une invitation pour ne pas blesser les gens et non parce qu'elle en avait réellement envie. Elle s'est réjouie que, chaque fois que nous nous verrions, elle aurait la certitude que j'aurais vraiment choisi de la voir, par plaisir et non par culpabilité. Elle m'a dit que c'était puissant, une amitié pareille, et qu'elle avait envie d'apprendre à faire ainsi à son tour. Cette expérience nous a rapprochées (troisième précepte).

Au lieu de se sentir moins aimée – ce que mon ego craignait car il anticipe souvent le pire –, elle s'est sentie davantage aimée. Au lieu d'avoir l'impression d'être traitée comme une personne insignifiante (son amie l'abandonne le jour de son anniversaire), elle s'est sentie honorée que je la voie dans sa grandeur, que je lui laisse la responsabilité de sa réaction.

Que je lui témoigne une telle confiance (en elle et en notre relation) lui a permis de réaliser qu'elle avait en elle la puissance d'accueillir sa déception, réelle, sans en être affectée plus que cela. À son tour, elle m'a renvoyée à ma grandeur d'oser être en vérité alors même que j'avais si peur de la décevoir ou d'être rejetée. Chacune de nous y a gagné. Tellement.

Vous aurez sans doute bientôt l'occasion de tester par vous-même et je suis certaine que cela vous apportera un éclairage nouveau sur ce qui se joue dans vos relations.

■ L'un des plus grands freins à l'authenticité : la peur

Alors que nous aspirons, pour la plupart, à être plus authentiques, qu'est-ce qui nous empêche de l'être véritablement ?

C'est la peur.

Particulièrement la peur de ne pas être aimé·e ainsi que toutes les peurs qui en découlent :

- la peur d'être rejeté·e ;
- la peur d'être abandonné·e ;
- la peur de ne pas être assez… ;
- la peur d'être trop… ;
- la peur de ne pas mériter, de ne pas être digne ;
- la peur d'être incompris·e ;
- la peur de blesser ;
- la peur d'être jugé·e ;
- la peur d'être humilié·e ;
- la peur d'être exclu·e ;
- la peur de… (Je vous laisse compléter.)

Le quatrième précepte nous donne l'opportunité de plonger en nous pour accueillir encore plus profondément nos peurs : en les reconnaissant, en les rencontrant vraiment, afin de nous en affranchir car sinon elles nous éloignent de notre essence, donc nous font baisser en énergie donc en bien-être et en santé.

La plupart d'entre nous portons en nous la peur que si nous sommes pleinement nous-mêmes, nous ne serons plus aimé·e·s ou plus autant. Cette peur – cette blessure primordiale – nous éloigne de notre chemin. Ce besoin viscéral et légitime d'être aimé·e·s inconditionnellement est en quelque sorte notre kryptonite.

D'OÙ NOUS VIENT CETTE PEUR QUE NOUS NE SERONS PLUS AIMÉ·E·S SI NOUS SOMMES PLEINEMENT NOUS-MÊMES, DANS NOTRE JOIE, DANS NOTRE INTENSITÉ ?

C'est que, dans des moments où nous avons exprimé pleinement notre véritable nature, nous avons reçu de nos parent·e·s non un accueil inconditionnel de notre être, mais plutôt des jugements, issus des limitations qu'iels ont héritées de leurs parent·e·s, transmises par leurs propres parent·e·s avant eux·elles.

Le malheur, c'est que nous avons donné crédit à ces jugements, qui nous ont fait croire que nous étions trop ou pas assez. En réalité : c'était trop pour eux·elles, pas assez pour eux·elles. Mais nous avons fait des mots de nos parent·e·s parole d'or. Quand nous sommes enfants, nos parent·e·s sont comme des dieux·déesses et nous avons commencé à nous conformer à ce qu'iels semblaient attendre de nous.

C'est notre blessure originelle : la blessure d'incarnation. Quel·le·s que soient les parent·e·s que nous avons eu·e·s, même les plus aimant·e·s, même les plus attentionné·e·s, aucun être humain n'est capable d'être amour inconditionnel vingt-quatre heures sur vingt-quatre. C'est pourtant ce que nous sommes, cette « grande lumière brillante » qui est amour pur. Nous avons donc besoin de nous nourrir de ce nectar à la hauteur de notre vibration. Nous sommes alors prêt·e·s à le chercher à l'extérieur et à le grappiller, miette par miette, par tous les moyens, quitte à nous perdre, à nous éloigner de notre véritable nature.

Quand un·e parent·e met la pression à son enfant pour qu'iel réussisse à l'école quitte à ne plus lui laisser le temps pour jouer ou être un·e enfant, iel ne fait qu'activer ses propres blessures, ses propres peurs.

Lorsque un·e parent·e demande à son enfant qui fait rire toute la galerie de se taire et d'arrêter de faire le·la clown, iel ne parle encore que de ses propres limitations. Soit iel ne se sent pas le talent d'amuseur·se de son enfant et une part de lui·elle en est jalouse ; soit iel avait, enfant, ce talent et on lui a demandé de restreindre cet élan, qu'iel a accepté de s'éteindre, alors que son enfant fasse de même parce qu'il faut être raisonnable et sérieux·se dans la vie, on n'est pas là pour rigoler, zut à la fin. Bien sûr, nous avons besoin d'apprendre aux enfants à canaliser leur intensité, mais c'est aux adultes de créer les cadres adaptés pour que les êtres authentiques puissent s'exprimer librement et de manière juste. Je ne dis pas que c'est facile mais c'est nécessaire.

Ces comportements de nos egos blessés sont fréquents et il ne s'agit pas de les blâmer mais de les mettre en lumière. Si cela n'est pas fait, si le·la parent·e n'est pas en vérité avec ce qui se joue pour lui·elle à ce moment-là, cela peut être dévastateur, tant pour l'adulte que pour l'enfant et que pour la relation qu'iels entretiennent.

SOUVENT, LES PARENT·E·S QUI ONT EU DES PARENT·E·S-ÉTEIGNOIRS SE RETROUVENT À REPRODUIRE INCONSCIEMMENT LE PHÉNOMÈNE AVEC LEURS PROPRES ENFANTS.

Quand nous sommes enfants, il est naturel, pour le·la petit·e que nous sommes, de vouloir nous conformer à ce qu'attendent nos parent·e·s (voire à ce qu'on croie qu'iels attendent, imaginez le nombre de malentendus et de vies gâchées par ces suppositions). C'est à la fois pour être aimé·e mais aussi et surtout une question de survie :

le·la tout·e-petit·e comprend très vite qu'iel dépend de ces *care givers* pour être en sécurité, nourri·e, logé·e.

Dès la petite enfance, nous commençons alors à porter des masques, à déguiser nos véritables aspirations, ce qui empêche l'énergie de circuler librement et nous enferme dans un personnage. Autrement dit, au lieu de briller à cent watts, nous nous rapetissons, nous nous éteignons petit à petit.

Il est difficile, voire impossible, de dévalider nos parent·e·s tant que nos besoins primaires dépendent encore d'eux·elles. Ce n'est qu'à l'adolescence, même après, que nous essayons de retrouver le chemin vers notre moi authentique, mais cela se fait de manière souvent un peu chaotique. Et que de temps perdu !

Sans travail de mise en lumière sur nos propres abat-jours, nous risquons de perpétuer l'héritage avec nos enfants. Si les adultes et particulièrement les parent·e·s et les éducateur·trice·s prennent conscience de ce mécanisme – heureusement c'est de plus en plus le cas –, iels aideront les enfants à cesser de construire des abat-jours qu'il leur faudra déconstruire ensuite s'iels veulent être en paix et en santé.

En effet, ne pas être authentiques peut avoir plusieurs incidences sur tous les domaines de notre existence.

Cela peut, par exemple, nous pousser à exercer un métier qui ne nous convient pas, qui n'est pas aligné à qui nous sommes et à nos valeurs fondamentales. Combien de fois ai-je vu des ami·e·s suivre des études supérieures pour faire plaisir à leurs parent·e·s et attendre d'avoir 45-50 ans pour enfin emprunter la voie dans laquelle leur cœur les guidait depuis le début ? Iels ont parfois attendu de faire un *burn-out* au travail. Iels s'étaient tellement éloigné·e·s de ce qui les faisait vibrer, de ce qui les mettait en joie que le flux d'énergie vitale commençait à s'éteindre. Parfois, nous avons besoin que ce soit une question de survie pour oser être authentiques et en vérité avec nos aspirations profondes, comme si nous attendions de ne plus avoir le choix.

Mille raisons ont pu les éloigner de leur essence mais c'est souvent pour correspondre à ce que leurs parent·e·s espéraient d'eux·elles, espérant enfin être aimé·e·s en ayant un emploi valorisé, prestigieux, qui permet de gagner beaucoup d'argent ou en reprenant l'entreprise familiale.

QUAND CE N'EST PAS NOTRE ÊTRE AUTHENTIQUE MAIS NOTRE EGO BLESSÉ QUI PREND LES DÉCISIONS, NOTRE SANTÉ ÉNERGÉTIQUE S'EN TROUVE AFFECTÉE. C'EST INÉVITABLE.

Si nous passons nos journées à nous investir dans une activité, un modèle familial, des relations... qui ne nous font pas vibrer, cela nous déséquilibre et freine le flux de notre énergie vitale. Des branches et des rochers envahissent notre rivière intérieure et, même si nous parvenons à nous adapter un temps, le flux finit par se tarir car il n'est plus alimenté par le mouvement de la vie qui vibre avec qui nous sommes vraiment, avec notre nature authentique.

Cela nous éteint et nous empêche de manifester nos véritables ressources et de mettre en avant ce que nous sommes venu·e·s apporter au monde. C'est pourtant notre raison d'être.

Si nous gardons en nous cette croyance que nous ne sommes pas dignes d'être aimé·e·s pour qui nous sommes, nous risquons de nous éloigner de notre essence. Nous sommes pourtant venu·e·s incarner cette essence unique et précieuse et non une autre. Nous sommes les seul·e·s à pouvoir le faire. C'est notre prérogative et notre responsabilité.

Chacun·e vient manifester sa fragrance unique au service du grand Tout. En essayant d'être autre que nous-mêmes, nous nous épuisons et nous coupons de notre propre source d'énergie vitale. Souvenez-vous de la sagesse de la pensée sauvage (voir « Contes et traditions : "La pensée sauvage" », page 89) : elle a confiance que si elle EST, si elle VIT, c'est qu'elle a sa raison d'être – et donc d'être aimée – exactement telle qu'elle est. Elle sait qu'elle vient apporter au monde ce qu'un chêne, une vigne, une rose ne peut apporter.

Parfois, nous avons des élans d'authenticité que d'aucun·e·s pourraient juger excentriques : nous osons parler d'un projet de changement de vie, d'une intuition ou de l'envie de créer quelque chose qui n'existe pas encore... qui très vite peut être reçu par les autres (ou notre mental) comme « trop » ambitieux, irréaliste... Serait-iel devenu·e dingue ? Nous devons accepter que, puisque notre vibration est unique, elle ne peut être reconnue par notre mental ou par les autres. Elle risque forcément d'étonner, d'être différente des attendus ou de ce qui existe déjà. Elle va donc perturber et les êtres humains, surtout leur ego, auront tendance à rejeter ou à dévalider ce qui est différent, ce qui est autre.

Il nous faut accepter que le monde de la réalité relative n'est pas prêt – ou a besoin de temps – pour recevoir notre authenticité pendant que la réalité absolue n'attend que ça.

À partir de quelle réalité avons-nous envie de créer ? À partir de notre « petit moi » et ses abat-jours ou à partir de notre « grand moi » et sa « grande lumière brillante » ?

Pour vivre la conscience et la réalité absolue, nous devons transformer notre besoin de reconnaissance qui vient de l'extérieur et devenir nos propres approbateur·trice·s, nos propres parent·e·s intérieur·e·s si vous préférez. La clé est d'apprendre à se valider et à s'aimer soi-même inconditionnellement pour ne plus dépendre des autres (cinquième précepte). Pour cela, nous avons besoin de nous souvenir de qui nous sommes vraiment.

Qu'est-ce qui nous aide ? Les préceptes, en nous rappelant qui nous sommes vraiment :

- nous sommes la non-colère ;
- nous sommes le non-souci ;
- nous sommes humbles et plein·e·s de gratitude ;
- nous sommes authentiques sur notre chemin de vie ;
- nous sommes plein·e·s de compassion pour nous (donc pour les autres).

Nous sommes la « grande lumière brillante », nous sommes « amour pur », nous sommes profondément aimé·e·s sans avoir rien à faire pour mériter cela puisque nous sommes des enfants du Divin.

Pour intégrer vraiment cette réalité absolue – pour non pas la croire mais la vivre –, nous avons besoin de prendre le temps d'accueillir et de mettre en lumière nos peurs, nos conditionnements, les jugements des autres que nous avons souvent fait nôtres inconsciemment en les transformant en autojugements.

Pour pouvoir travailler avec ce quatrième précepte et l'intégrer pleinement, nous avons besoin de pratiquer conjointement avec tous les autres préceptes, avec une mention particulière pour le deuxième :

- si vous portez la colère, impossible d'être authentique ;
- si vous avez peur, impossible d'être authentique ;
- si vous ne reconnaissez pas votre grandeur et la grandeur de l'autre, impossible d'être authentique. Si vous n'êtes pas dans la gratitude, impossible d'être authentique ;
- si vous n'avez pas de compassion pour vous-même, impossible d'être authentique.

C'est pour cela qu'il est utile de pratiquer les préceptes conjointement et de les mettre en interrelation. Ce quatrième précepte met à jour les mécanismes qui nous éloignent de notre authenticité.

Un des signes pour savoir que vous êtes authentique, c'est que vous êtes dans la joie, dans l'amour de l'Être, que vous êtes en paix.

PARTAGE D'EXPÉRIENCE

Lorsque j'ai commencé à faire des soins énergétiques, j'ai éprouvé des appréhensions à en parler autour de moi. Je sentais que certaines personnes étaient très sceptiques, voire moqueuses quand elles n'étaient pas agressives. Pourtant, je n'avais aucune intention de faire du prosélytisme, d'essayer de les convaincre de quoi que ce soit. J'avais juste envie de partager mes expériences et d'être honnête avec la thérapeute que j'étais en train de devenir. J'aurais eu l'impression de mentir si je n'avais pas échangé librement sur le contenu de mes formations.

J'ai donc commencé à appliquer la philosophie des petits pas et à en parler d'abord à des personnes de confiance. C'est le degré d'authenticité qu'il était possible pour moi, à ce moment-là, en respectant mon intégrité. Chaque jour, je me mettais au défi d'aborder le sujet avec une personne de plus, simplement pour voir si ça devenait plus facile. Je trouvais ainsi de plus en plus les mots justes pour ne pas avoir l'air trop « extraterrestre ».

J'ai réalisé que les peurs et les jugements de mon entourage concernant ma nouvelle activité me touchaient parce qu'une part de moi était d'accord avec lui. J'étais embarrassée de ne pas pouvoir expliquer « rationnellement » tout ce qui se passait, d'autant que ce n'était pas toujours évident de mettre en mots ma découverte de ce territoire inconnu. D'ailleurs, si on m'avait raconté certaines anecdotes que j'ai pourtant vécues moi-même, je n'y aurais pas cru. Tant que nous ne vivons pas l'expérience de l'énergie dans notre corps, tant que nous n'en faisons pas l'expérience intime, il est difficile de comprendre.

J'ai donc passé des heures et des heures, des jours et des jours, des mois et des mois à pratiquer, pour que je ne puisse plus douter moi-même. Quand j'ai appris à faire des soins « à distance », je me suis entraînée avec une amie tous les vendredis pendant six mois. À chaque soin, il se passait quelque chose, pour l'une comme pour l'autre. Toutefois, chaque vendredi, au moment de faire notre séance, je me disais que ce n'était pas possible que « ça marche », surtout à distance. *Non mais vraiment, des soins sans même voir la personne, vous êtes sérieux·se ?* Pourtant, chaque fois, nous avions des perceptions claires que quelque chose se mettait en mouvement et nous pouvions observer des bénéfices dans la semaine qui suivait. Plus j'ai pris confiance, plus je parlais avec assurance de mon expérience en étant de plus en plus détachée du regard et des jugements des autres.

Je ne pouvais pas contrôler leur point de vue, mais je pouvais devenir pleinement consciente de mes propres croyances. La pratique régulière avec les préceptes m'a vraiment aidée à être plus en vérité avec moi-même. Grâce aux introspections, je voyais avec de plus en plus de clarté mes colères et celles des autres, mes peurs et celles des autres, mon manque d'humilité et celui des autres…

J'ai appris à accepter que nous avons tous des points de vue dissemblables, un accès à la vérité différent mais que l'essentiel pour chacun·e était de nous approcher le plus possible de notre être authentique et de suivre ses guidances.

PRATIQUE GUIDÉE

À VOS COMING OUT, D'ABORD POUR VOUS-MÊME !

Pratique 1 : Méditation

Fermez les yeux. Prenez trois respirations profondes dans le ventre. Détendez vos épaules et vos mâchoires.

Prenez un temps pour ralentir votre souffle. Allez au bout de votre inspire et au bout de votre expire. Prenez au moins trois respirations ainsi et laissez votre corps se déposer complètement sur le siège un peu plus à chaque expire.

Phase 1/ Posez la question à votre cœur : « Y a t-il un domaine de ma vie en particulier (professionnel, amical, amoureux, etc.) où je pourrai être davantage authentique ? »

Respirez un instant avec cette question et laissez sa vibration imprégner toutes les cellules de votre corps. Surtout ne cherchez pas avec votre mental, laissez venir ce qui vient en premier, de manière spontanée : domaine, situation, personne·s concerné·e·s.

« Je sens et je reconnais que je ne suis pas à 100% authentique dans ma vie [nommez le domaine] avec [nommez la ou les personnes concernées] et j'accueille que c'est ainsi aujourd'hui. »

Restez quelques instants en silence avec la vibration de ces mots dans votre corps, que vous pouvez vous répéter intérieurement (ou à haute voix) comme s'ils imprégnaient toutes vos cellules.

Phase 2/ Posez la question à votre cœur : « Qu'est-ce qui m'empêche d'être authentique dans cette situation [nommez-la] avec [nom de la personne] ? »

Respirez un instant avec cette question et laissez sa vibration imprégner toutes les cellules de votre corps. Surtout ne cherchez pas avec votre mental, laissez venir ce qui vient en premier, de manière spontanée : sensations, émotions…

« Je sens et je reconnais que j'ai peur de [nommez la ou les peurs] et j'accueille que c'est ainsi aujourd'hui. »

Phase 3/ Posez la question à la partie qui a peur « Qu'est-ce qui m'aiderait aujourd'hui à avoir un peu moins peur de [nommez la ou les peurs identifiées] et ainsi à être un plus authentique avec [nommez la personne] dans telle situation [nommez la situation] ? »

Laissez venir ce qui vous vient. Parfois, le mental veut trouver une solution concrète alors que votre corps a — dans un premier temps — besoin d'une énergie/vibration particulière que vous vous donnez à vous-même et qui ne dépend surtout pas de l'extérieur.

Par exemple, si vous pensez que ce qui vous aiderait, c'est que votre patron/partenaire/père/frère soit plus à l'écoute et plus patient, vous faites dépendre votre authenticité du comportement des autres. Or, l'idée n'est pas de les changer, mais de vous transformer, vous. Cela commence en reprenant votre pouvoir et en vous donnant à vous-même ce dont vous avez le plus besoin, une fois que vous l'avez identifié.

Ici, ça pourrait donner : « Je m'accorde toute l'écoute et la patience dont j'ai besoin ».

Avec le souffle, venez guider la vibration de ces mots dans toutes les cellules de votre corps, de la tête aux pieds et jusqu'au bout des doigts de pieds et des mains, au niveau des organes, des muscles, de la peau, des os, du sang, de la lymphe... Laissez opérer le soin énergétique que vous êtes en train de vous faire.

Quand vous sentez que vous êtes pleinement nourri·e de cette énergie, reprenez trois respirations profondes dans le ventre. Détendez vos épaules et vos mâchoires. Remettez un peu de mouvement dans vos pieds, dans vos mains et revenez dans l'ici et maintenant.

Pratique 2 : L'écriture spontanée sous forme de carte mentale

Prenez une feuille A3 en format horizontal et notez (en bleu) spontanément ce qui vous vient en réponse aux questions suivantes (surtout ne réfléchissez pas trop) :

- Y a-t-il des domaines ou des sujets où vous savez que vous avez du mal à être authentique ? Cela peut être dans un domaine de votre vie : professionnel, familial, amical ou intime ou dans une situation précise : quand on parle d'argent/quand il s'agit de dire ses émotions/quand il s'agit de dire non/quand vous êtes en public, etc. Inscrivez-les au centre de votre feuille. (Si de nombreux thèmes apparaissent, vous pourrez par la suite refaire la pratique en ciblant un sujet que vous avez besoin de creuser ultérieurement. Vous lui consacrerez alors une feuille à part entière. Là, il s'agit de faire un premier état des lieux).

- Est-ce une difficulté que vous éprouvez par rapport à une ou des personnes en particulier ? Qui ? Nommez toutes celles qui vous viennent spontanément en relation avec ces domaines/sujets. (De même que plus haut, vous pourrez par la suite créer une feuille pour chaque personne afin de prendre soin de chaque situation, de chaque relation).
- Observez ce qui vous empêche de dire votre vérité intérieure à chacune de ces personnes sachant que ce qui vous bloque avec l'une n'est pas forcément ce qui vous bloque avec l'autre. Y a-t-il des peurs ? Si oui, lesquelles ? Notez-les (en rouge). Prenez le temps ici car il y a souvent des peurs sous les peurs et parfois elles semblent contradictoires alors qu'elles font partie intégrante du même puzzle. (Par exemple : j'ai peur d'être invisible, j'ai peur qu'on me remarque). Accueillez-les avec conscience et compassion sans les juger ni les analyser.
- Quels besoins profonds se cachent derrière ces peurs ? Prenez le temps d'accueillir, de reconnaître et de noter vos besoins profonds (en vert). Donnez-leur toute la légitimité et l'amour dont ils ont besoin. (Ex : J'ai besoin qu'on reconnaisse mes compétences/J'ai besoin de me sentir en sécurité/J'ai besoin qu'on m'accepte comme je suis, etc.)
- Examinez la cartographie que vous venez de dresser sans chercher à résoudre quoi que ce soit, observez avec plus de clarté ce qui se joue pour vous et accueillez-le, juste pour aujourd'hui. Cette étape permet déjà une première phase de soulagement, dans la rencontre avec ce qui est.
- Qu'est-ce qui vous aiderait à avoir un peu moins peur et à faire un pas de plus vers votre authenticité aujourd'hui ? Notez les mots clés qui vous viennent (en violet) et « respirez » avec eux : sécurité, amour, confiance, compassion, temps, etc.

■ Nous contaminons le monde de notre authenticité

J'ai remarqué que plus j'étais authentique et osais l'être, plus cela encourageait les personnes autour de moi à oser cette authenticité. En osant dire à mon amie que j'avais fait le choix de ne pas venir à sa fête (sans inventer une excuse pour masquer ma vérité), cela l'a inspirée à oser dire « non » toutes les fois où elle en aurait envie pour pouvoir dire de vrais « oui ». Elle s'est rendu compte qu'oser le « non » pour se dire « oui » à elle était un cadeau à offrir à son entourage : cela rend en effet la relation plus authentique, donc plus fluide, plus harmonieuse et donc bénéfique pour toutes les parties.

En ayant cette posture avec vos enfants, qui sont en relation avec d'autres enfants, iels vont apprendre à se positionner en étant de plus en plus authentiques et cela profite à chacun·e. Souvenez-vous : nous créons ce que nous vibrons.

La pratique de l'authenticité nous aide, notamment, à apprendre à exprimer un consentement librement éclairé. Il est urgent de contaminer toute la planète, vous ne croyez pas ?

S'il reste des freins à l'authenticité, le cinquième précepte nous vient en aide. Il est à la fois le dernier et en même temps le premier dans le sens où il facilite l'accès aux autres.

EN RÉSUMÉ

- J'apprends à être en vérité avec moi-même et je repère mon degré d'authenticité aujourd'hui.
- Je distingue l'authenticité selon mon ego et celle de mon être véritable.
- J'apprends à communiquer ma vérité aux autres selon ce qui m'est possible aujourd'hui.
- Je mets à jour les peurs et croyances qui m'empêchent d'être pleinement authentique et j'ai de la compassion pour moi là où j'en suis, aujourd'hui.
- Plus je suis authentique, plus j'inspire mon entourage à oser son authenticité, plus je crée un monde authentique.

CINQUIÈME PRÉCEPTE : *HITO NI SHINSETSU NI*, « J'AI DE LA COMPASSION POUR MOI… ET POUR LES AUTRES »

Hito ni shinsetsu ni, que je choisis de traduire par « J'ai de la compassion pour moi… et pour les autres », est parfois traduit par « J'ai de la bienveillance » ; mais, pour moi, le terme « compassion » va plus loin. Quand nous sommes bienveillant·e·s avec nous-mêmes, c'est comme si nous restions extérieur·e·s à nous-mêmes, presque dans une posture un peu surplombante du « grand moi » qui veillerait sur le « petit moi ».

L'idée est de plonger et d'embrasser tout de soi à parts égales entre le « petit » et le « grand moi », l'humain et le Divin, l'ombre et la lumière. Nous avons besoin d'apprendre à aimer toutes les parts de nous inconditionnellement, ce qui va plus loin que de simplement leur « vouloir du bien ».

La compassion, c'est l'amour inconditionnel en action : il ne s'agit pas seulement de le penser ou de le dire, il s'agit de l'appliquer très concrètement dans ce que nous SOMMES et ce que nous FAISONS.

Là encore, c'est un idéal à atteindre : comment est-ce que nous nous traitons aujourd'hui ?

LA PRATIQUE DE LA COMPASSION, C'EST NOTRE ANTIDOTE AU JUGEMENT ET À L'AUTOJUGEMENT.

■ Un précepte au service des autres préceptes

Quand nous constatons que nous portons la colère et que nous n'arrivons pas à faire autrement, nous avons besoin d'avoir de la compassion pour nous-mêmes là où nous en sommes aujourd'hui : c'est le mieux que nous puissions faire ici et maintenant. Tirer sur les pétales d'une rose pour qu'elle s'ouvre plus vite est inutile et contre-productif, la compassion nous aide à évoluer, là où nous en sommes aujourd'hui.

Bien que, sur un certain plan, vous ayez compris que vous étiez le non-souci, vous voyez bien que vous êtes en train de vous ronger les ongles depuis deux heures en ruminant en boucle les pires scénarii tandis que vous attendez vos résultats sanguins. Vous avez alors besoin d'activer le précepte de la compassion pour sortir du cercle vicieux qui est en train de se mettre en place : vous vous faites du souci et vous vous en voulez de vous en faire pour rien. Vous faites de votre mieux et votre mieux est cela aujourd'hui, compassion pour vous-même.

Lorsque vous essayez de reconnaître la grandeur de votre employeur·se mais qu'iel dénigre votre travail devant tou·te·s vos collègues alors que c'est vous qui corrigez toutes ses erreurs – et iel en fait beaucoup –, vous avez vraiment besoin d'avoir de la compassion pour vous quand vous songez à mettre du laxatif dans son café… Donc oui, c'est mal, vous le savez, mais vous ne pouvez pas vous en empêcher alors peut-être que dix minutes du combo tigre/ours/caprice vous éviteront de passer à l'acte… ou pas. Quoi qu'il en soit, juste pour aujourd'hui, ayez de la compassion pour vous-même : vous faites de votre mieux.

Ce cinquième et dernier précepte est vraiment fondamental car il facilite que nous puissions vraiment faire l'expérience des quatre précédents. Il évite que nous nous mettions trop la pression, il soutient notre lâcher prise et notre capacité à être dans l'acceptation.

■ Compassion pour nous-mêmes en premier

Il est vraiment fondamental de commencer à travailler avec la première partie du précepte d'abord, comme pour l'humilité.

Dans les avions, il est recommandé, en cas d'accident, de nous mettre d'abord le masque à nous-mêmes avant de le positionner sur le visage des enfants qui nous accompagnent. En effet, si nous manquons d'air, nous ne pourrons plus aider ces petit·e·s qui dépendent de nous pour leur survie. C'est logique.

Pourtant, nous avons souvent été élevé·e·s dans une culture du sacrifice – surtout les femmes, surtout les mères – et nous n'appliquons pas cette logique dans notre vie quotidienne. On nous a appris à faire passer les autres avant nous, sinon nous serions taxé·e·s d'égoïstes. Aussi, pour la plupart, nous avons à réapprendre le bon égoïsme, qui est de penser à soi pour être une véritable contribution pour l'autre. Si nous sommes à bout de fatigue et nous-mêmes un peu déprimé·e·s, est-ce que nous pouvons vraiment écouter notre ami·e qui vient de perdre un·e proche ?

Dans la tradition Zen, on utilise souvent la métaphore de la tasse de thé : si votre tasse est bien remplie et déborde, c'est parfait pour inviter votre voisin·e[1] à se servir, mais veillez à garder votre tasse bien droite et bien pleine. Si vous commencez à verser votre thé (votre énergie) pour remplir sa tasse, assez rapidement, la vôtre sera vide.

Pourtant, soyez-en assuré·e, iel continuera de réclamer du thé – iel a mal été habitué·e –, mais vous n'aurez plus de quoi le·la servir. Cela peut vous mettre en colère contre vous-même car vous aimez faire plaisir et vous avez enregistré la croyance que vous mettre au service supposait de vous oublier vous-même.

Vous pourriez commencer à vous inquiéter : *Le·la voisin·e continuera-t-iel de venir me voir et de m'apprécier si je ne remplis plus sa tasse de thé ?* Enfin, comble d'ingratitude, le·la convive pourrait s'énerver : pourquoi ne lui servez-vous plus de thé, iel en a besoin, lui·elle, et vous avez toujours été là pour le lui servir ? Iel vous reprocherait alors de l'abandonner à un moment où iel a tant besoin de thé, en plus…

Si vous commencez à imaginer que ce qu'iel dit est vrai, qu'iel a vraiment besoin de vous, le·la sauveur·se en vous pourrait bien être tenté·e d'aller chercher quelques gouttes de thé au fond de votre propre tasse pour les lui donner. Vous finiriez tou·te·s deux en colère, inquiet·ète·s et épuisé·e·s.

POUR POUVOIR ÊTRE UNE CONTRIBUTION POUR L'AUTRE, NOUS AVONS BESOIN D'ÊTRE D'ABORD ET AVANT TOUT UNE CONTRIBUTION POUR NOUS-MÊMES.

POUR ÊTRE DANS LA COMPASSION – DONC LE NON-JUGEMENT – ENVERS L'AUTRE, NOUS AVONS BESOIN DE L'ÊTRE D'ABORD POUR NOUS-MÊMES.

1. À la place du·de la voisin·e, remplacez par ce qui vous parle : votre conjoint·e, vos enfants, vos parent·e·s, vos ami·e·s, vos employé·e·s, votre patron·ne…

Quand nous nous libérons de la mauvaise habitude de juger tout ce que nous SOMMES, tout ce que nous FAISONS :

- nous jugeons moins les autres, cela se fait automatiquement et sans effort ;
- nous sommes moins jugé·e·s car nous attirons ce en quoi nous croyons : si nous croyons que nous sommes dignes de recevoir l'amour inconditionnel et le non-jugement, nous attirons de plus en plus cela ou – *a minima* – si quelqu'un·e nous juge, nous sommes moins, voire pas, touché·e·s par son jugement car nous n'entrons pas en résonnance avec lui·elle, nous ne lui donnons pas notre accord.

Quand Mikao Usui médite, jeûne, pratique les préceptes et les arts martiaux, il s'occupe de sa propre tasse de thé et, quand il rentre de ses vingt et un jours sur la montagne, il est plus lumineux car il a travaillé à ôter ses abat-jours – ou à remplir sa tasse, si vous préférez.

Il est redevenu la non-colère, le non-souci, l'humilité, la gratitude, l'authenticité et la compassion qu'il lui est possible d'être pour lui ce jour-là. Le fait qu'il le rayonne pour lui-même devient inspirant pour celleux qui viennent à lui :

- son feu intense aide d'autres feux qui s'approchent à s'intensifier à leur tour ;
- il n'a pas besoin de remplir la tasse des autres, il n'a rien à prouver, il est juste qui il EST vraiment et si certain·e·s ont envie de s'en inspirer, iels peuvent librement le faire ou non ;
- comme il est la non-colère et le non-souci, il n'est pas ébranlé par la colère et l'inquiétude des jaloux·ses qui voudraient lui voler son thé – iels ne savent pas qu'iels sont la propre source de leur thé. Il reste juste devant eux·elles, bien présent, reconnaissant leur grandeur jusqu'à ce que, peut-être, iels reconnaissent leur grandeur à leur tour ;
- plein de compassion pour lui d'abord et pour eux·elles, il n'a pas d'attachement au fait qu'iels fassent un choix ou un autre, iels sont et restent dignes d'amour inconditionnel là

où iels en sont aujourd'hui. C'est ce que j'appelle la véritable compassion qui est amour en action :

- à celleux dont la tasse est vraiment très vide, il propose des soins ;
- à celleux qui ont assez de thé pour apprendre à remplir leur propre tasse, il leur offre de leur enseigner, *via* le système du Reiki, comment conserver une tasse toujours pleine ;
- à celleux qui ne sont intéressé·e·s par rien de tout cela, il laisse la liberté de suivre leur propre chemin.

PRATIQUE GUIDÉE
ÊTRE LA COMPASSION

Fermez les yeux. Prenez trois respirations profondes dans le ventre. Détendez vos épaules et vos mâchoires.

Prenez un temps pour ralentir votre souffle. Allez au bout de votre inspire et au bout de votre expire. Prenez au moins trois respirations ainsi et laissez votre corps se déposer complètement sur le siège un peu plus à chaque expire.

Puis respirez avec la phrase : « Juste pour aujourd'hui, j'ai de la compassion pour moi-même, toutes mes pensées, toutes mes paroles, toutes mes actions reflètent que je suis la compassion pour moi-même. »

Respirez un instant avec la phrase et laissez sa vibration imprégner toutes les cellules de votre corps.

Que ressentez-vous ? Est-ce qu'il y a des zones qui se réveillent ? (Le cœur, le plexus, la gorge, le ventre...)

Si oui, venez respirer sans forcer dans ces zones. Sinon, restez centré·e sur votre hara, le point situé trois doigts en dessous de votre nombril.

Si vous percevez d'éventuelles résistances, autorisez-vous à les ressentir et à les reconnaître.

À ce stade, il est possible que vous ressentiez une dissonance entre l'affirmation « Toutes mes pensées, toutes mes paroles, toutes mes actions reflètent que je suis la compassion pour moi-même » et la vérité de votre être qui peut se réveiller pour vous aider à vous réajuster (*via* des sensations corporelles, des émotions, des pensées qui surviennent). Peut-être qu'une situation vous revient dans laquelle vous ne vous êtes pas senti·e à cent pour cent en compassion avec vous...

Si c'est le cas, vous pouvez vibrer avec la résonnance de ces mots à l'intérieur ou à haute voix, quitte à la répéter jusqu'à ce que vous vous sentiez plus aligné·e comme si vous étiez en train d'accorder votre instrument, votre corps, avec ce que vous souhaitez vibrer davantage : votre véritable nature.

> « Je choisis d'accueillir cette part de moi qui a du mal à être à cent pour cent la compassion pour moi-même, aujourd'hui, dans cette situation. »

Cet autojugement que vous repérez, peut-être qu'il ne vous appartient pas vraiment, peut-être fait-il écho à un jugement que vous avez reçu de quelqu'un·e, récemment ou dans votre enfance. Si oui et même si vous n'avez pas forcément identifié qui l'a proféré et quand, vous pouvez dire :

> « Je te renvoie avec amour et conscience ce jugement qui ne m'appartient pas. Aujourd'hui, je reprends ma pleine souveraineté dans mes croyances et je déclare que je suis digne d'être aimé·e inconditionnellement en toutes circonstances. Aujourd'hui, je choisis d'être pure compassion pour moi-même !
>
> Même si c'est difficile, j'accepte d'être en vérité avec mon manque de compassion du moment, c'est le meilleur moyen de pacifier ce qui a besoin de l'être en moi. Si cela apparaît clairement devant moi aujourd'hui, c'est que cela est prêt à être alchimisé, à être guéri.
>
> Je me relie à qui je suis vraiment, à ma "grande lumière brillante" pour qu'elle me guide pour redevenir l'être de pure compassion que je suis déjà en toutes circonstances. »

Restez quelques instants en silence avec la vibration de ces mots dans votre corps, que vous pouvez vous répéter intérieurement (ou à haute voix) comme s'ils imprégnaient toutes vos cellules :

> « Aujourd'hui, je choisis d'être pure compassion pour moi-même ! »

Laissez faire, ne cherchez rien de plus, laissez-vous simplement respirer avec ça.

Avec le souffle, venez guider la vibration de ces mots dans toutes les cellules de votre corps, de la tête aux pieds et jusqu'au bout des doigts de pieds et des mains, au niveau des organes, des muscles, de la peau, des os, du sang, de la lymphe… Laissez opérer le soin énergétique que vous êtes en train de vous faire.

Quand vous sentez que vous êtes pleinement nourri·e de cette énergie, reprenez trois respirations profondes dans le ventre. Détendez vos épaules et vos mâchoires. Remettez un peu de mouvement dans vos pieds, dans vos mains et revenez dans l'ici et maintenant.

Combien de jugements, de paroles dévalorisantes avons-nous reçus de la part des adultes et souvent de celleux dont nous avions le plus besoin d'entendre des paroles d'amour (nos parent·e·s, notre famille et, par extension, nos professeur·e·s) ?

Il ne s'agit pas de faire la chasse aux bourreaux (iels ont agi inconsciemment, maltraité·e·s par des parent·e·s qui avaient eux·elles-mêmes été maltraité·e·s) ni de renforcer notre sentiment d'être « victimes ». Il s'agit juste de reconnaître que ces mauvaises habitudes ne nous soutiennent pas dans notre évolution et qu'il est temps d'en changer.

C'EST COMME SI LA PLUPART D'ENTRE NOUS AVIONS OUBLIÉ LA PUISSANCE CRÉATRICE DES MOTS. AU LIEU DE NOUS BÉNIR AVEC LES MOTS, LES ADULTES NOUS ONT MAUDIT·E·S À LEUR INSU[1].

J'utilise volontairement ces termes souvent associés à la religion mais qui ont un sens sacré universel. Comme on le lit dans la *Bible* (je cite ce texte de notre patrimoine comme une ressource précieuse d'enseignements qui n'est pas destinée seulement aux croyant·e·s), « au commencement était le verbe ». C'est par un énoncé performatif que Dieu créa le monde dans le mythe comme pour souligner la puissance des mots. Les préceptes s'appuient sur cette ressource.

Aujourd'hui, les consciences s'éveillent, de nombreuses pratiques et méthodes nous invitent à nous réapproprier le pouvoir des mots. Il n'y a qu'à voir le succès de la CNV pour s'en rendre compte. Les parent·e·s comme les enseignant·e·s commencent à modifier leur approche ; même s'il reste encore beaucoup à déconstruire, nous sommes clairement en chemin.

Face à cette situation, nous avons la responsabilité de reprendre notre pouvoir.

Nous ne pouvons pas empêcher les autres de nous dire : « Tu n'es pas assez... », « Tu es trop... », « Tu devrais être plus... ». En revanche, nous pouvons éviter de les croire.

1. Le chapitre sur la « parole impeccable » dans le livre *Les Quatre Accords toltèques*, de Ruiz, peut constituer une bonne façon d'aller plus loin sur la question.

Enfant, c'est très difficile de dévalider ses parent·e·s même si ces dernier·ère·s ont des exigences de perfection objectivement impossibles à réaliser. Combien je reçois de personnes, dans mes consultations individuelles, encore profondément touchées par des paroles blessantes de leurs parent·e·s. Iels ont beau avoir 40-50 ans, la blessure du·de la petit·e enfant est là, toujours vivante et vibrante, et elle conditionne leur vie d'adulte. Même si le·la grand·e en eux·elles sait que le comportement du·de la parent·e provient de ses propres blessures, une part d'eux·elles a vraiment cru, a vraiment admis que c'était vrai. Aussi, ce n'est plus le·la parent·e qui ânonne la parole blessante, c'est nous-mêmes, c'est notre tyran intérieur qui continue de perpétrer le programme.

Nous sommes donc les seul·e·s à pouvoir rebooter notre système. Nous pouvons devenir les meilleurs parent·e·s intérieur·e·s qui soient pour le·la tout·e-petit·e en nous. Là est notre responsabilité, là est notre pouvoir.

NOUS POUVONS DONC VÉRITABLEMENT CHOISIR D'ÊTRE LA COMPASSION POUR NOUS-MÊMES, EN RAPPORT AVEC CE QUI EST POSSIBLE POUR NOUS AUJOURD'HUI. L'IDÉE N'EST PAS DE « RÉUSSIR » QUOI QUE CE SOIT.

Qu'il n'y ait pas de malentendu, ne nous mettons pas la pression. Nous nous engageons, juste pour aujourd'hui, envers nous-mêmes et pour nous-mêmes, à concentrer notre attention, donc notre énergie, sur ce que nous avons envie de créer à présent : plus d'amour inconditionnel en action.

Nous nous engageons à nous rappeler que nous sommes la compassion, que c'est notre essence, notre être véritable et que nous y avons accès chaque fois que nous ôtons les abat-jours du jugement et de l'autojugement.

■ Une voie du lâcher-prise et de l'acceptation

Pour dissiper tout malentendu : choisir la tendresse de la compassion pour soi et pour les autres, ce n'est pas de la complaisance ou la voie de la facilité. La pratique de la compassion est extrêmement exigeante car elle vise à nous accueillir dans l'amour quelles que soient les circonstances. Magnifique défi, n'est-ce pas ?

Certaines personnes, en se libérant de l'outil du jugement, en sortant de la flagellation de la culpabilité, se sentent perdues, comme si elles allaient évoluer moins vite, voire plus du tout. Elles ne voient pas comment ce qu'elles prennent pour une sorte d'indulgence un peu molle pourrait les booster suffisamment pour changer, et devenir une meilleure version d'elles-mêmes.

L'idée qu'il n'y aurait que deux façons de progresser – par peur du bâton (ne plus être aimé·e, recevoir un jugement) ou pour obtenir la carotte (« je suis aimé·e, je reçois une validation ») – est très répandue et engrammée dans notre système. Nous avons beau avoir tou·te·s fait l'expérience du mal que fait ce raisonnement, nous continuons de le perpétuer.

Il n'y a qu'à observer un·e enfant qui est en train d'apprendre et éprouve des difficultés. Il est possible que vous perdiez patience, que vous lui criiez dessus, comme les adultes l'ont fait avec vous quand vous étiez petit·e. Vous pouvez choisir de lui dire qu'iel est nul·le pour le·la « motiver » à s'améliorer comme certain·e·s coachs sportif·ve·s le prônent pour « secouer » leurs joueur·se·s.

Ou vous pouvez choisir de l'encourager. L'encourager ne veut pas dire ne pas lui montrer ses erreurs ou lui mentir en lui disant qu'iel fait tout à la perfection. C'est très loin également de la compassion comprise comme de la pitié. Dans le mot « encourager », il y a le mot « cœur » ; c'est une façon d'aider l'autre à se relier à la puissance de son cœur. Plus vous allez avoir de la véritable compassion pour l'enfant qui éprouve une difficulté, plus vous allez avoir de l'amour pour lui·elle, plus vos cœurs énergétiques vont se relier, plus iel va pouvoir ressentir suffisamment d'amour pour lui·elle-même pour avoir l'énergie de puiser en lui·elle les ressources profondes pour dépasser l'épreuve qu'iel est en train de vivre.

PARTAGE D'EXPÉRIENCE

Je suis professeure depuis dix-huit ans et, après avoir enseigné uniquement le français les trois premières années, je me suis formée pour transmettre en option théâtre car j'ai remarqué que beaucoup d'élèves s'empêchaient de penser quand iels étaient devant un bureau : iels ont décidé – peut-être parce qu'on le leur a trop dit – qu'iels étaient « nul·le·s ».

Je me souviens notamment d'une élève que j'avais en classe de quatrième et qui se disait « nulle de chez nulle » en français, qu'elle ne comprenait rien aux textes qu'on lisait en classe. Pourtant, dans le cadre de l'atelier théâtre, je la voyais faire des merveilles sur le plateau comme si, intuitivement, elle saisissait très bien des textes pourtant bien plus complexes que ceux donnés en cours. Je compris que, en théâtre, elle pouvait faire appel à d'autres formes d'intelligence qui ne sont pas valorisées par l'école habituellement et surtout qu'elle n'avait pas encore eu le temps de recevoir des jugements sur ses compétences de comédienne puisqu'elle n'avait jamais eu cette expérience auparavant : il n'y avait pas encore d'abat-jour.

Avec patience, j'ai continué de reconnaître sa grandeur jusqu'à ce qu'elle finisse par la reconnaître elle-même (quatrième précepte) ; j'ai continué de lui manifester de la bienveillance en lui montrant que, quels que soient ces résultats, cela ne changeait rien au respect et à l'estime que j'avais pour elle (cinquième précepte).

C'était facile pour moi d'être persévérante et patiente car j'avais appris en amont à être plus tendre avec moi-même, avec ce que je considérais alors comme mes erreurs, mes imperfections.

Beaucoup d'élèves s'inscrivent à l'option théâtre parce qu'iels sont timides voire effacé·e·s. Souvent, mes collègues, à la fin de l'année, lors de la représentation finale me disent qu'iels sont ébahi·e·s de voir certain·e·s élèves si lumineux·se·s sur le plateau alors même qu'iels semblaient si éteint·e·s en cours. La position de leur corps a changé : au lieu d'être recroquevillé·e·s, iels se tiennent pleinement debout. Iels ont repris contact avec leur grandeur, avec leur puissance intérieure.

Au-delà des mots bienveillants et des conseils qui leur sont donnés, je sens bien que le fait d'avoir moi-même une vision plus douce de moi-même est inspirant pour eux·elles. Cela se fait inconsciemment, vibratoirement, sans effort. Il ne s'agit pas tant de dire ou de faire quelque chose de particulier. Il s'agit de vibrer d'abord et avant tout plus d'amour pour moi-même. Cela les inspire, iels réalisent alors qu'il est tout à fait possible pour eux·elles de faire ce choix.

Nous pouvons donc sans peur nous libérer de la carotte et du bâton. Il est dans notre nature même d'évoluer, il n'y a rien à forcer. L'amour inconditionnel acquis nous permet de nous détendre pour laisser le flux de notre être authentique nous guider pour nous transformer.

Cela ne nous rend pas passif·ve·s et complaisant·e·s, au contraire. Nous sommes bel et bien en vérité avec ce qui est aujourd'hui, nous ne nous voilons pas la face avec une indulgence molle. Nous choisissons juste d'avoir un rapport tendre avec nos ombres.

Nous reconnaissons que nous portons la colère, que nous nous faisons du souci, que nous manquons d'humilité et de gratitude, que nous ne sommes pas à cent pour cent authentiques, que nous manquons de compassion pour nous et les autres. Nous le reconnaissons avec conscience mais sans jugement. Le jugement freine notre évolution et c'est lui qui nous éloigne de la vérité de notre être authentique et des possibles infinis qu'il peut créer.

QUAND NOUS NOUS ACCUEILLONS AVEC CONSCIENCE ET COMPASSION, NOUS POUVONS ACCUEILLIR BEAUCOUP PLUS FACILEMENT LES AUTRES AVEC CONSCIENCE ET COMPASSION.

Si vous entendez votre voisin violenter sa femme, grâce à votre pratique des préceptes et en particulier de la compassion, votre conscience ne juge pas la situation. Vous ne perdez pas de temps (ou pas trop) à être en colère, à vous inquiéter, à juger cet homme, à vous lamenter que « la paix dans le monde, ce n'est pas gagné »... Du moins, vous vous laissez traverser par toutes ces énergies mais juste le temps de les accueillir comme des informations qui vous aident à avoir de la clarté sur ce que ça vous fait, ce que cela fait au « petit moi », pour passer à l'action, de manière juste et alignée à la hauteur du « grand moi » d'aujourd'hui. Cela ne vous empêche pas – au contraire – d'appeler la police et de proposer à la jeune femme de l'accompagner auprès d'une association pour qu'elle puisse être soutenue de la façon qui lui convient le mieux.

En pratiquant la compassion en toutes circonstances, nous ne nous transformons pas en pur esprit qui tend la joue gauche et se réfugie sur son coussin de méditation en se reliant à l'amour universel hors sol en espérant qu'il y aura des retombées sur terre un de ces jours. Ça, ce serait de la spiritualité de salon et ce n'est pas ce que nous enseigne Mikao Usui. Atteindre l'Illumination, c'est devenir un meilleur être humain et cela se fait dans notre corps, sur terre, aujourd'hui.

IL EST FACILE DE NOUS AIMER QUAND NOUS VENONS D'ACCOMPLIR QUELQUE CHOSE QUE NOUS CONSIDÉRONS COMME VALORISANT. L'AMOUR CONDITIONNÉ DU BÂTON ET DE LA CAROTTE, C'EST ÇA LA FACILITÉ, C'EST ÇA LA COMPLAISANCE.

Il est facile de nous aimer quand nous avons réussi à un examen.

Il est facile de nous aimer quand nous obtenons un compliment sur notre gentillesse ou notre intelligence.

Il est facile de nous aimer quand nous avons réussi à dépasser notre peur de parler en public.

C'est bien plus ambitieux d'être capable de s'aimer quand nous avons l'impression d'échouer, quand nous portons un jugement négatif sur notre physique, nos capacités, quand nous venons de nous séparer de notre partenaire, quand nous nous sentons nul·le·s...

De même, il est facile d'aimer notre conjoint·e qui vient de vivre son premier marathon.

Il est facile d'aimer notre enfant qui a eu 20/20 en mathématiques.

Il est facile d'aimer notre patron·ne qui vient de nous accorder une promotion.

C'est bien plus ambitieux d'être capables de les aimer quand iels ne tiennent pas compte de nos sentiments, piquent des colères ou se montrent injustes. C'est bien plus ambitieux de choisir de continuer d'aimer donc d'avoir de la compassion pour cet homme qui violente sa femme ou cet homme politique qui déclenche une guerre.

PARTAGE D'EXPÉRIENCE

Au moment où la guerre a été déclenchée en Ukraine, j'ai vu de nombreux groupes spirituels proposer des temps de méditation pour la paix. J'entends le désir de chacun·e d'être une contribution et l'espoir bien légitime que la paix et l'amour règnent davantage sur terre. Qui ne souhaite pas cela ?

En même temps, j'ai lu beaucoup de messages, sur ces mêmes groupes, empreints de colère, insultants – à l'égard de Vladimir Poutine notamment. Des flots d'inquiétude se déversaient également sur la toile : les pronostics allaient bon train sur le nombre de mort·e·s, de blessé·e·s, la crise économique qui allait suivre, etc. C'est bien sûr compréhensible d'être traversé·e·s par la colère et les soucis, mais c'est assez contradictoire de méditer pour la paix dans un autre pays alors qu'on est si peu en paix soi-même.

> « Le désarmement extérieur passe par le désarmement intérieur. Le seul vrai garant de la paix est en soi. »
>
> Le dalaï-lama

Nous créons ce que nous vibrons. Si nous voulons la paix à l'extérieur de nous, nous devons vibrer la paix en nous. Aussi, avant de méditer pour la paix en Ukraine, il serait judicieux de commencer par méditer pour la paix dans notre cœur et, pour cela, d'accueillir tout ce qui n'est pas la paix, avec compassion, juste pour aujourd'hui.

De même, une personne m'a demandé pourquoi je n'organisais pas de soin collectif pour les Ukrainiens, elle avait fait ça avec son autre groupe de Reiki et elle trouvait que c'était une belle idée. Je lui ai alors rétorqué : « Pourquoi faire un soin seulement aux Ukrainiens ? Qu'en est-il des Russes ? » J'ai proposé de faire également un soin à Vladimir Poutine (en plaisantant bien sûr, on ne fait pas de soin à quelqu'un·e qui ne l'a pas demandé : le consentement, c'est la base de l'éthique). Évidemment, c'était une provocation de ma part, mais je lui ai expliqué qu'à mon sens, si Vladimir Poutine était davantage en lien avec l'amour inconditionnel, avec la compassion, peut-être que des décisions et des actions plus pacifiques en découleraient.

C'est pourquoi il est important d'apprendre à avoir de la compassion avec tous les êtres, pas seulement avec celleux que nous aimons facilement, mais aussi avec celleux que nous avons plus de mal à accueillir pleinement tel·le·s qu'iels sont aujourd'hui. Et il faut bien admettre que certains ne nous facilitent pas la tâche !

Le défi est bien plus grand mais il est accessible : à la hauteur de qui nous sommes vraiment, de « grandes lumières brillantes ». C'est en cela que la pratique de compassion est tout sauf une voie facile et complaisante, c'est une voie exigeante et courageuse de transformation radicale pour (re)devenir de meilleurs êtres humains.

La proposition de Mikao Usui est de nous enseigner à nous comporter comme des êtres divins dans la matière : à être la véritable compassion en toutes circonstances en sortant de la dualité terrestre et de l'illusion qu'il y aurait des réussites et des échecs, le bien et le mal, des gens qui mériteraient notre compassion et d'autres pas.

■ La compassion : la voie de la conscience

La pratique de la compassion est ambitieuse : elle nous indique de faire des choix à partir de la conscience et non du jugement.

La conscience est reliée au moi authentique, au moi divin, à notre « grande lumière brillante ». Le jugement vient de l'ego blessé, de l'ego tyrannique, de l'ego spirituel.

Guidé·e·s par la conscience, nous avons ainsi la clarté de constater que ce que nous avons fait ou créé ne nous convient pas ou plus. Par exemple, vous ne vous sentez plus à votre place dans votre travail, vous n'avez plus de joie à vous lever le matin pour exercer votre activité. Vous pouvez alors focaliser votre énergie.

Le jugement ne nous aide pas à créer un meilleur possible. Il nous couvre de l'abat-jour de la culpabilité, de la dévalorisation, voire de la honte, et nous empêche de progresser : « J'ai mal choisi mes études, je n'aurais pas dû écouter mes parent·e·s, voilà où m'a mené·e ma lâcheté. En même temps, s'iels m'avaient encouragé·e lorsque j'étais enfant, je n'en serais pas là. Et si je ne trouvais jamais un autre travail, est-ce que mon CV est assez intéressant ? Les autres sont forcément plus compétent·e·s... »

Quand ma collègue a « emprunté » mon travail sans me le demander, j'ai eu besoin de beaucoup, beaucoup de compassion pour retrouver la clarté de la conscience. C'est la compassion qui m'a aidée à accueillir ma colère, mes insécurités, à reconnaître ma grandeur et la sienne pour être plus facilement authentique. En étant dans la compassion pour moi-même, j'ai pu avoir de la compassion pour elle. La compassion a soutenu ma transformation. J'ai évolué, mue par cette énergie puissante et douce à la fois. Pour avoir beaucoup testé la carotte et le bâton, je peux vous dire que je ne reviendrais en arrière pour rien au monde.

Bien sûr, la gratitude face à cette expérience n'est venue qu'après et il a fallu du temps pour faire ce chemin. Vos alliées : la pratique, la persévérance et la patience.

Il vous suffira d'avoir une ou deux expériences concrètes de ce que change dans votre vie la pratique de la compassion pour que ce choix, plutôt que le jugement, vous semble une évidence.

La compassion est une sorte de baguette magique alchimique qui nous permet d'accueillir nos ombres (et celles des autres) pour les transformer en or, en « grande lumière brillante ».

PRATIQUE GUIDÉE
AVOIR DE LA COMPASSION POUR...

Fermez les yeux. Prenez trois respirations profondes dans le ventre. Détendez vos épaules et vos mâchoires.

Prenez un temps pour ralentir votre souffle. Allez au bout de votre inspire et au bout de votre expire. Prenez au moins trois respirations ainsi et laissez votre corps se déposer complètement sur le siège un peu plus à chaque expire.

Puis respirez avec la phrase : « Juste pour aujourd'hui, j'ai/je choisis d'avoir de la compassion pour [complétez la phrase avec un comportement qui vous active et génère chez vous un jugement quasi automatique tel qu'une personne qui jette un papier par terre alors qu'il y a une poubelle à moins d'un mètre/un parent qui hurle sur son enfant qui se roule par terre dans un magasin/votre neveu qui refuse de faire du sport et de changer son alimentation alors qu'il vit mal d'être en surpoids] ». Prenez un cas simple de la vie quotidienne pour commencer et vous pourrez pratiquer plus facilement ensuite dans des cas où les enjeux seront plus grands.

Respirez un instant avec la phrase et laissez sa vibration imprégner toutes les cellules de votre corps.

Que ressentez-vous ? Est-ce qu'il y a des zones qui se réveillent ? (Le cœur, le plexus, la gorge, le ventre...)

Si oui, venez respirer sans forcer dans ces zones. Sinon, restez centré·e sur votre hara, le point situé trois doigts en dessous de votre nombril.

Si vous percevez d'éventuelles résistances, autorisez-vous à les ressentir et à les reconnaître.

À ce stade, il est possible que vous ressentiez une dissonance en vous et la vérité de votre être qui peut se réveiller pour vous aider à vous réajuster (*via* des sensations corporelles, des émotions, des pensées qui surviennent).

Si c'est le cas, vous pouvez vibrer avec la résonnance de ces mots à l'intérieur ou à haute voix, quitte à les répéter jusqu'à ce que vous vous sentiez plus aligné·e comme si vous étiez en train d'accorder votre instrument, votre corps, avec ce que vous souhaitez vibrer davantage : votre véritable nature.

> « Je choisis d'accueillir cette part de moi qui a du mal à être à cent pour cent la compassion pour [cette personne qui vient de jeter son papier par terre/pour ce parent qui hurle sur son enfant/votre neveu qui refuse de faire du sport et de changer son alimentation alors qu'il vit mal d'être en surpoids, etc.] aujourd'hui. »

Si vous repérez des jugements, nommez-les :

> « Il est difficile pour moi aussi de ressentir de la compassion aujourd'hui pour [cette personne, ce parent, ce neveu] car je vois, sens et reconnais que mon·ma juge intérieur·e a un point de vue et pense que... [complétez en nommant vos croyances et points de vue sur le comportement de cette personne/ce parent/votre neveu car votre façon de faire vous semble plus logique et appropriée]
>
> Même si c'est difficile, j'accepte d'être en vérité avec mon manque de compassion du moment, c'est le meilleur moyen de pacifier ce qui a besoin de l'être en moi. Si cela apparaît clairement devant moi aujourd'hui, c'est que cela est prêt à être alchimisé, à être guéri.
>
> Je me relie à qui je suis vraiment, à ma “grande lumière brillante” pour qu'elle me guide pour redevenir l'être de pure compassion que je suis déjà avec [cette personne/ce parent/ce neveu, etc.] en toutes circonstances. »

Restez quelques instants en silence avec la vibration de ces mots dans votre corps, que vous pouvez vous répéter intérieurement (ou à haute voix) comme s'ils imprégnaient toutes vos cellules :

> « Aujourd'hui, je choisis d'être pure compassion avec [cette personne, ce parent, ce neveu, etc.] ! »

Laissez faire, ne cherchez rien de plus, laissez-vous simplement respirer avec ça.

Avec le souffle, venez guider la vibration de ces mots dans toutes les cellules de votre corps, de la tête aux pieds et jusqu'au bout des doigts de pieds et des mains, au niveau des organes, des muscles, de la peau, des os, du sang, de la lymphe... Laissez opérer le soin énergétique que vous êtes en train de vous faire.

Quand vous sentez que vous êtes pleinement nourri·e de cette énergie, reprenez trois respirations profondes dans le ventre. Détendez vos épaules et vos mâchoires. Remettez un peu de mouvement dans vos pieds, dans vos mains et revenez dans l'ici et maintenant.

EN RÉSUMÉ

- Je réserve ma compassion pour moi en premier : je réapprends le bon égoïsme.
- Je me libère de mes croyances et des jugements qui m'ont fait conditionner l'amour.
- Je deviens le meilleur père et la meilleure mère intérieurs pour moi-même : je choisis de m'aimer inconditionnellement.
- J'apprends à avoir de la compassion pour les autres en toutes circonstances : pour cela, je m'entraîne, je pratique.
- J'accepte que, parfois, je n'arrive pas à être la compassion et c'est OK, juste pour aujourd'hui. Cela me montre le prochain sommet à franchir, j'ai le droit d'observer le chemin avant de m'y aventurer, quand je suis prêt·e, et je peux engager un·e guide pour faciliter mon ascension.
- La pratique de la compassion est la voie pour vivre dans la conscience et retrouver la vérité de mon Être.

QUELQUES ÉCUEILS À ÉVITER DANS LA PRATIQUE DES PRÉCEPTES

Quand nous commençons à observer nos pensées, cela peut nous donner l'impression – du moins au début – que nous sommes tout le temps en colère, en train de nous faire du souci, de manquer d'humilité, d'authenticité ou de compassion. Ce n'est pas que la pratique augmente ces phénomènes mais elle met en lumière nos fonctionnements et habitudes de pensée.

C'est un peu comme quand nous voulons ranger notre dressing : nous sortons tout dans la chambre (merci, Marie Kondo), au centre de la pièce, pour mieux voir nos « affaires » et nous réalisons alors tout ce qui a été accumulé. C'est une étape nécessaire. Sans cela, nous ne pouvons pas vraiment trier, voir ce que nous gardons, ce que nous retranchons de manière efficace. Au début, cela a l'air plus en désordre et nous pouvons nous sentir découragé·e·s, mais il est important de persévérer pour bénéficier de la finalité de ce grand rangement : plus de clarté, plus d'espace donc un accès plus aisé à ce dont nous avons besoin.

C'est ce qui se produit chaque fois que nous pratiquons avec les préceptes.

Aussi, il est conseillé d'appliquer un seul précepte à la fois, celui qui affecte le plus notre vie maintenant. Nous posons les fondations, ensuite nous construisons la maison, pas à pas, avec persévérance et patience.

Les préceptes apparaissent dans un ordre précis et ce n'est pas un hasard, ils partent des émotions les plus tangibles qui nous maintiennent dans l'ombre et nous aident à laisser l'espace aux énergies les plus lumineuses en nous pour qu'elles rayonnent à nouveau comme au premier jour.

Ils mettent en lumière notre esprit, nos émotions et nos pensées, c'est-à-dire les égarements de notre ego, et nous ramènent peu à peu vers notre dimension divine.

Au début de la pratique (et d'expérience, il est souvent sage de revenir à ces formulations quand nous nous sentons moins ancré·e·s), je vous conseille de formuler les préceptes ainsi :

- Juste pour aujourd'hui, je ne porte pas la colère.
- Juste pour aujourd'hui, je ne me fais pas de souci.
- Juste pour aujourd'hui, je suis humble.
- Juste pour aujourd'hui, je suis authentique sur mon chemin de vie.
- Juste pour aujourd'hui, je suis plein·e de compassion pour moi et pour les autres.

Avec le temps, et après avoir bien saisi et intégré ce qui se cache derrière ces mots, vous pouvez choisir cette approche plus elliptique :

Juste pour aujourd'hui,

- pas de colère ;
- pas de souci ;
- de la gratitude ;
- de l'authenticité ;
- de la compassion.

Enfin, je le répète, les préceptes ne sont pas seulement et simplement des méditations à faire de temps en temps, il s'agit d'apprendre à les infuser dans tout ce que nous SOMMES et tout ce que nous FAISONS.

La pratique quotidienne est accessible et nécessaire sans forcément passer par une méditation formelle. C'est une façon d'observer nos pensées qui peut se faire sous la douche, en faisant la vaisselle ou dans les transports en commun. Alors, si une voix vous dit que vous n'avez pas le temps pour pratiquer, sachez que c'est votre mental et non votre être authentique qui s'exprime.

LES PRÉCEPTES EN PRATIQUE EN PARLER C'EST BIEN, EXPÉRIMENTER C'EST MIEUX !

Les préceptes ne sont pas de simples affirmations positives. Ce ne sont pas des concepts pour nourrir un peu plus le mental. Ils délivrent une sagesse à mettre en action. Ils nous guident pour maintenir l'hygiène de nos pensées donc le flux de notre énergie car l'énergie suit notre attention.

Ils sont là pour remettre le mental à sa juste place, dans son juste rôle, au service du moi authentique. Ils sont avant tout à vivre dans le corps, à incarner pleinement pour faciliter notre vie d'humain sur terre. Ainsi, même si se les rappeler dans la journée comme des mantras peut être fort utile, l'idée est vraiment de les intérioriser pour ÊTRE la non-colère, le non-souci, l'humilité, l'authenticité, la compassion.

Mais avant d'ÊTRE, l'humain a besoin de FAIRE. C'est pour cela que nous nous « entraînons » à ÊTRE ces préceptes dans le cadre de méditations spécifiques pour retrouver notre ESSENCE et la RAYONNER ensuite plus facilement et naturellement dans tous les domaines de notre vie.

MÉDITATIONS

La méditation est le fondement de multiples pratiques. Au Japon, on parle de *san mitsu* : synchroniser l'esprit, le corps et l'énergie à travers le souffle, qui fait le pont entre les trois. Cela permet de rester bien présent·e·s donc en lien avec ce qui nous traverse, aujourd'hui.

Contrairement aux idées reçues, méditer, ce n'est pas être sans pensée ou rester calme. Si vous croyez cela, l'exercice risque vite de se transformer en torture. Nous sommes des êtres humains et nous sommes traversé·e·s par des pensées - environ soixante mille par jour ; il est donc illusoire et vain de s'infliger de cesser de penser. Il s'agit d'apprendre à accueillir nos pensées sans nous attacher à elles. C'est la même chose avec les émotions.

Méditer, ce n'est pas être calme, c'est être en lien avec ce qui est ; or ce qui est, c'est parfois la paix, c'est parfois le chaos. Parfois le soleil brille, parfois c'est la tempête. Nous apprenons juste à entrer en rapport avec ce qui est sans étiquette, sans jugement donc avec compassion.

Sur le papier, c'est simple, mais ce n'est toujours pas facile.

ASTUCES ET CONSEILS POUR MÉDITER

Vos quatre alliés sont votre corps, votre respiration, votre attention et votre intention.

La position est essentielle

Vous pouvez être assis·e ou debout, en tailleur ou en *seiza* (assis·e sur les genoux), l'essentiel est d'avoir le dos bien droit telle une colonne érigée entre la Terre et le Ciel.

Si vous pratiquez allongé·e, vous risquez de vous endormir. Vous faites de la relaxation, ce qui est très bien en soi, mais ce n'est pas de la méditation qui suppose votre pleine présence. On recherche une attention sans tension, une vigilance juste. Cela vient avec la pratique.

Trouvez une position confortable pour VOUS, aujourd'hui. C'est fondamental. Tenez compte de vos éventuelles douleurs du moment. On ne médite pas « mieux » parce qu'on a une position de yogi !

Si vous avez du mal à vous ancrer, cela peut être intéressant d'avoir toujours les plantes des pieds collées au sol. Évitez alors la position en tailleur. Vous pouvez commencer debout, le poids du corps va vous aider à vous enraciner. Quand vous sentez votre corps s'alourdir, vous pouvez vous asseoir sur une chaise qui va vous aider à avoir le dos bien droit (peut-être aurez-vous besoin d'ajouter un coussin). Au début, aidez-vous du dossier puis, avec la pratique, tâchez de tenir la position sans ce soutien. Les muscles de votre dos vont se renforcer et la posture va devenir de plus en plus agréable.

Inutile de vous ruiner en matériel de méditation (zafu ou autre). Choisissez le confort, cela vous motivera à être régulier·ère dans la pratique.

Bouger avant d'aller vers l'immobilité

Avant de vous « asseoir » dans votre méditation, le corps – et surtout le mental – peut éprouver le besoin de bouger, d'être en mouvement.

Selon vos pratiques, n'hésitez pas à faire quelques postures de yoga, de qi gong ou vos mouvements de gymnastique habituels. Je vous conseille d'effectuer des mouvements rapides, puis de les ralentir de plus en plus pour aller vers l'immobilité. Cela laisse au mental un temps pour s'apaiser.

Faire des gestes très, très lents nous demande une attention tellement soutenue que ça nous aide à lâcher les pensées et à revenir à une immobilité paisible. Quand vous sentez que votre mental est très actif, c'est vraiment efficace. Vous pouvez faire ce que vous avez à faire (marcher, faire la vaisselle, ranger votre bureau) comme si vous étiez dans un film au ralenti.

C'est fou comme cette petite astuce peut nous aider à rassembler nos esprits.

C'est simple et accessible en toutes circonstances.

L'exercice du tremblement

Si vous n'avez aucune pratique corporelle, je vous suggère de tester (si cela n'est pas contre-indiqué par votre état de santé, bien sûr), l'exercice du tremblement.

Debout, les pieds écartés à la largeur des hanches, pliez légèrement les genoux. Relâchez bien les épaules, les bras et la tête.

Puis laissez monter un tremblement qui vient du sol. Donnez une impulsion au niveau des pieds pour petit à petit faire trembler tout votre corps : les mollets, les genoux, les cuisses, les fesses, le ventre, le dos, les épaules, les bras et la tête. L'idée n'est pas de vous secouer comme un prunier. Vous ne faites que donner une légère impulsion au niveau des pieds et cela fait bouger tout le reste du corps comme si vous laissiez glisser le trop-plein vers la terre. Comme un arbre qui laisse tomber les feuilles (les pensées) qui sont prêtes à glisser au sol.

Cela permet de relâcher les tensions de la journée et de s'ancrer facilement. Après deux à dix minutes de tremblement, le corps est comme essoré et prêt pour une pratique statique.

Créer un rituel

Créez-vous un rituel, cela favorisera la régularité.

• Centrage : le *gassho*

Les Japonais commencent et terminent toujours une méditation en *gassho*, c'est-à-dire les mains jointes devant le cœur (comme le *Namaste*). Cela centre, donne un cadre clair à la pratique et permet au corps de bien comprendre et enregistrer ce qui lui est demandé. Plus vous le faites, plus le centrage et l'apaisement arrivent vite, comme si le corps retrouvait l'état des précédentes méditations.

• Intention

Par ailleurs, l'énergie suivant notre attention, il est fort utile de poser une intention au début de la pratique. Elle peut être très simple :

« Je reçois exactement ce dont j'ai besoin avec cette pratique. »

« Je me souviens de qui je suis vraiment : je me relie à mon moi authentique. »

Quand le mental est très actif, vous pouvez consciemment l'inviter à collaborer et à remettre les clés de la méditation à votre moi divin en disant par exemple :

« Mon cher mental, je te demande de laisser les commandes à mon moi divin et de te mettre à son service en enregistrant tout ce qui va se passer comme un témoin bienveillant *(le mental est content, il a quelque chose à faire)*.

Je suis en sécurité *(le mental s'en inquiète toujours alors cela devrait l'aider à s'apaiser)* quand je me laisse guider par le plus lumineux en moi. Je fais confiance à mon corps pour me guider vers les libérations appropriées pour moi aujourd'hui. »

- **Remerciements**

À la fin de la méditation, revenez les mains en *gassho* pour vous remercier de ce temps que vous avez pris pour vous faire du bien et remercier tous les aspects de vous qui ont participé (votre moi divin comme votre mental).

Contre-indications à la méditation

Il n'y a pas vraiment de contre-indications mais si vous venez de vivre un gros traumatisme ou qu'une situation vous met dans tous vos états, il est sans doute judicieux de consulter un·e thérapeute.

Au début, je vous conseille vivement de pratiquer avec des petits sujets du quotidien (les petits pas de « Juste pour aujourd'hui », vous vous souvenez ?). Cela vous aidera à vivre ensuite avec plus de légèreté les situations plus incommodantes.

Il est important de faire la différence entre les moments où vous êtes dans un enlisement émotionnel et ceux où vous êtes en capacité d'accueillir la partie qui est en train de s'enliser. Pour ce faire, observez qui parle, qui vit la situation :

- si vous êtes envahi·e par l'émotion et les pensées en boucle et que vous vous y identifiez complètement, c'est que vous êtes dans l'enlisement émotionnel. En général, dans ces moments-là, c'est l'ego blessé qui parle et dit : « Je SUIS triste, je SUIS en colère. » Pratiquez alors une des techniques de libérations émotionnelles en rapport avec la colère (cela fonctionne pour toutes les émotions). Si ce n'est pas suffisant, faites-vous accompagner par un·e thérapeute ;

- si vous vous sentez en capacité d'accueillir la partie qui est en train de s'enliser, c'est-à-dire si vous avez conscience qu'une partie de vous SE SENT triste, en colère, les méditations vous aideront à traverser vos émotions sans les fuir. Elles permettent de vous relier avec votre moi authentique, témoin bienveillant·e, conscience qui a la capacité à « rester » avec ce qui vous traverse en lui offrant un ESPACE d'accueil sans jugement.

Si vous choisissez de rester avec, c'est que vous ne vous êtes pas identifié·e à l'émotion. C'est donc que vous êtes en mesure d'entrer en rapport avec elle-même si c'est inconfortable. Cela vous empouvoire de faire cette expérience, de réaliser que, malgré les tempêtes, un endroit en vous reste stable, ancré et aligné.

Chaque fois que nous méditons, nous nous relions à cette part de nous, à notre moi divin ; et plus nous le faisons, plus nous SAVONS qu'il est là pour nous soutenir en toutes circonstances. Plus nous le rencontrons (*via* la méditation, les soins et autosoins), plus nous avons foi en nous et en la vie.

ASTUCE
« J'IDENTIFIE ET DISTINGUE LE PETIT ET LE GRAND MOI »

Quelques formules pour sortir de l'identification de l'EGO « petit moi » et rester dans l'espace de conscience du MOI VÉRITABLE « grand moi » :

« Je me SENS en colère » plutôt que « Je SUIS en colère. »

« QUELQUE CHOSE EN MOI se SENT en colère. »

« JE PERÇOIS QUE QUELQUE CHOSE EN MOI se SENT en colère. »

Tenir un journal de bord

Tenir un journal peut vous aider à ancrer votre pratique et à mieux réaliser les belles transformations qui vont s'opérer dans votre vie. Vous pouvez y noter vos sensations, vos ressentis, le ou les préceptes qui vous sont le plus utiles au moment que vous vivez.

C'est intéressant de bien noter ce qui bouge dans la vie ordinaire, même si ça vous paraît infime. Plus vous allez reconnaître vos progrès et les célébrer, plus cela vous encouragera à poursuivre.

Quand nous pratiquons régulièrement, relire nos notes permet de voir le chemin parcouru, surtout dans les moments où nous avons l'impression de moins avancer d'autant que, souvent, quand nous commençons à y être attentif·ve·s, nous réalisons que nous portons souvent la colère et que nous ruminons pas mal les soucis. Nous pouvons même avoir l'impression que c'est pire en pratiquant. Ce n'est pas le cas bien sûr, c'est juste que, désormais, nous sommes pleinement conscient·e·s de ces moments d'inconscience. Nous pouvons donc agir, faire d'autres choix et transformer notre vie.

Des pratiques variées

Parce que nous sommes tou·te·s différent·e·s – certaines personnes sont plus visuelles, d'autres plus sensitives... –, parce que nous pouvons nous ennuyer à vivre toujours la même méditation, parce que nous avons besoin de créativité... permettez-vous d'inventer vos propres pratiques à partir des suggestions proposées. Plus vous vous les approprierez, plus elles vous ressembleront, plus vous retrouverez votre souveraineté pleine et entière : vous êtes l'expert·e sur votre chemin !

À vous de jouer !

MÉDITER AVEC UN PRÉCEPTE IDENTIFIÉ

Parfois, la situation est très claire : vous connaissez le précepte le plus approprié pour vous aujourd'hui. Voici une méditation guidée pour vous aider à l'investiguer et l'incorporer.

DÉROULEMENT

Après avoir mis votre corps en mobilité (si c'est nécessaire), déposez-vous sur votre siège dans la position qui vous est confortable aujourd'hui.

Gassho et intention :

« Je me relie à mon moi lumineux pour entrer en contact avec la partie de moi qui [se sent en colère/se fait du souci/manque d'humilité ou de gratitude/manque d'authenticité/manque de compassion *(choisissez le précepte qui vibre pour vous aujourd'hui)*]. »

Fermez les yeux. Prenez trois respirations profondes dans le ventre. Détendez vos épaules et vos mâchoires.

Prenez un temps pour ralentir votre souffle, allez au bout de votre inspire et au bout de votre expire. Prenez au moins trois respirations ainsi et laissez votre corps se déposer complètement sur le siège un peu plus à chaque expire.

Puis respirez avec le précepte que vous avez choisi.

Restez quelques instants avec la vibration de ces mots dans votre corps. Vous pouvez vous les répéter intérieurement comme s'ils imprégnaient toutes vos cellules.

CHOISISSEZ la position de témoin bienveillant·e, la conscience qui accueille tout sans jugement.

Que ressentez-vous ? Écoutez les messages de votre corps : est-ce qu'il y a des zones qui se réveillent ? (Le cœur, le plexus, la gorge, le ventre...)

Si oui, venez respirer sans forcer dans ces zones. Sinon, restez centré·e sur votre hara, le point situé trois doigts en dessous de votre nombril.

- Phase 1, observation : « Je sens, je ressens et je reconnais que quelque chose en moi se SENT [en colère/soucieux/pas à la hauteur/frustré/incompris, etc.]. Cela affecte telle zone de mon corps [ma gorge, mon cœur, mon plexus solaire, mon ventre, etc.] (je respire dedans), je choisis d'accueillir cela avec compassion. »
- Phase 2, permission : « Je m'autorise à ressentir/reconnaître mes éventuelles résistances [colère, jugement, culpabilité, honte, etc.] »
- Phase 3, accueil : « Je choisis d'accueillir cette part de moi qui ressent [de la colère/de la peur/de la culpabilité/de la honte/de l'impatience, etc.]. »
- Phase 4, amour : « Je choisis même d'aimer cette part de moi qui ressent [de la colère/de la peur/de la culpabilité/de la honte/de l'impatience, etc.]. Peut-être que j'y parviens, peut-être que non, juste je constate ce qui est possible pour moi, aujourd'hui. »

Laissez faire, ne cherchez rien, laissez-vous juste être et respirer avec ça.

Puis laissez partir cette phrase et sa vibration.

Reprenez trois respirations profondes dans le ventre. Détendez vos épaules et vos mâchoires. Remettez un peu de mouvement dans vos pieds, dans vos mains et revenez dans l'ici et maintenant.

Gassho :

« Je me remercie pour cette pratique grâce à laquelle je reconnais un peu plus la part lumineuse/divine en moi et je laisse mon auto-guérison se mettre en place. »

Vous pouvez noter ce qui vous semble juste.

Suggestions

Vous pouvez aussi vous amuser à méditer ainsi avec un précepte une semaine durant, juste pour voir où vous en êtes avec son énergie. Puis passer au deuxième précepte la semaine suivante.

Vous pouvez ainsi vous faire des programmes de méditations qui vous cadrent et vous motivent. L'enfant en vous qui adore explorer et jouer y trouvera sans doute son compte.

On dit qu'il faut vingt et un jours pour adopter une nouvelle habitude ; cela représente :

- quatre jours/précepte ;
- le dernier jour, les cinq en même temps.

Qu'est-ce qui a changé entre le début et la fin du programme ? Le constater devrait vous encourager à vouloir poursuivre le « programme ». (« Juste pour aujourd'hui » mais tous les jours de votre vie).

La pratique n'a pas besoin de durer une heure : c'est mieux d'y consacrer entre cinq et quinze minutes par jour en étant complètement présent·e qu'une heure une fois par mois en scrutant l'horloge tout du long.

MÉDITER AVEC LES CINQ PRÉCEPTES

Dans le cas où aucun précepte ne semble s'imposer à vous – cela arrive dans les moments d'accalmie ou dans les moments où vous fuyez vos émotions, c'est selon –, c'est l'occasion d'aller un peu au-delà de la surface et de plonger en vous.

Il y a quelque temps, j'ai proposé la méditation qui suit dans un partage Reiki (réunion organisée une fois par mois avec mes stagiaires pour pratiquer ensemble et échanger sur leurs difficultés, leurs expérimentations et leurs trouvailles). À la fin, une participante m'a dit avoir été vraiment très étonnée car, pendant la méditation, elle s'est mise en rapport avec une émotion dont elle n'avait pas du tout conscience en arrivant. Cette émotion était sans objet, elle ne la reliait à aucune expérience récente. Pourtant, elle a senti que le soin que constitue la méditation lui avait permis d'accueillir l'émotion, qui s'était ensuite dissipée d'elle-même. Elle en est ressortie soulagée, allégée, comme vitalisée.

Il ne s'agit pas d'aller chercher la petite bête là où elle n'est pas mais force est de constater que nous avons tou·te·s des mémoires, des dossiers non clôturés. La méditation qui suit peut permettre un nettoyage en douceur de ces scories qui alourdissent inutilement notre système à notre insu.

Il faut bien comprendre que moins nous avons de colère ou de souci en nous, moins nous attirons ces énergies dans la vie quotidienne. Plus nous repérons les endroits de non-humilité, de non-authenticité, de non-compassion, plus nous nous en occupons, plus nous pouvons vibrer et donc créer dans notre vie plus d'humilité, de gratitude, d'authenticité et de compassion.

DÉROULEMENT

Après avoir mis votre corps en mobilité (si c'est nécessaire), déposez-vous sur votre siège dans la position qui vous est confortable aujourd'hui.

Gassho et intention :

« Je me souviens qui je suis vraiment (à savoir pure lumière) à travers cette pratique qui active les autoguérisons qui sont justes pour moi aujourd'hui. »

Fermez les yeux. Prenez trois respirations profondes dans le ventre. Détendez vos épaules et vos mâchoires.

Prenez un temps pour ralentir votre souffle, allez au bout de votre inspire et au bout de votre expire.

Prenez au moins trois respirations ainsi et laissez votre corps se déposer complètement sur le siège un peu plus à chaque expire.

CHOISISSEZ la position de témoin bienveillant·e, la conscience qui accueille tout sans jugement.

Puis respirez avec le premier précepte pendant trois à cinq minutes.

Restez quelques instants avec la vibration de ces mots dans votre corps. Vous pouvez vous les répéter intérieurement comme s'ils imprégnaient toutes vos cellules.

Que ressentez-vous ? Écoutez les messages de votre corps : est-ce qu'il y a des zones qui se réveillent ? (Le cœur, le plexus, la gorge, le ventre...)

Si oui, venez respirer sans forcer dans ces zones. Sinon, restez centré·e sur votre hara, le point situé trois doigts en dessous de votre nombril.

Puis laissez partir cette phrase et sa vibration.

Ensuite, respirez avec le deuxième précepte pendant trois à cinq minutes. Faites la même chose que précédemment puis enchaînez avec le troisième, quatrième et cinquième préceptes.

Ne cherchez pas à faire quoi que ce soit, juste constatez ce qui est là pour vous à chaque précepte.

Reprenez trois respirations profondes dans le ventre. Détendez vos épaules et vos mâchoires. Remettez un peu de mouvement dans vos pieds, dans vos mains et revenez dans l'ici et maintenant.

Gassho :

« Je me remercie pour cette pratique. Je reconnais un peu plus la part lumineuse/divine en moi et je laisse mon autoguérison se mettre en place. »

Si, à la fin, vous avez constaté qu'un précepte (ou deux) a « du mal à passer », il peut être judicieux de faire la méditation avec les quatre phases (voir « Méditer avec un précepte identifié », page 168).

MÉDITATION DU MATIN

La méditation peut se pratiquer tout au long de la journée mais il est possible que l'intention varie selon le moment où nous le faisons pour nous accompagner au mieux. Nos besoins ne sont pas les mêmes le matin et le soir.

Voici donc deux suggestions pour bien commencer ce « bon » jour qui est le meilleur jour qui soit pour vous, le seul, car aujourd'hui, ici et maintenant :

DÉROULEMENT

Version 1

Après avoir mis votre corps en mobilité (si c'est nécessaire), déposez-vous sur votre siège dans la position qui vous est confortable aujourd'hui,

Gassho et intention :

« Je suis et j'incarne les préceptes tout au long de ma journée. »

Fermez les yeux. Prenez trois respirations profondes dans le ventre. Détendez vos épaules et vos mâchoires.

Prenez un temps pour ralentir votre souffle, allez au bout de votre inspire et au bout de votre expire.

Prenez au moins trois respirations ainsi et laissez votre corps se déposer complètement sur le siège un peu plus à chaque expire.

Respirez avec la vibration de votre intention pour la laisser imprégner vos cellules. Passez par votre corps.

Reprenez trois respirations profondes dans le ventre. Détendez vos épaules et vos mâchoires. Remettez un peu de mouvement dans vos pieds, dans vos mains et revenez dans l'ici et maintenant.

Gassho :

« Je me remercie pour cette pratique. Je reconnais un peu plus la part lumineuse en moi et je laisse mon autoguérison se mettre en place. »

NB : dans la journée, quand vous sentez que vous n'êtes pas aligné·e aux préceptes, posez de nouveau votre intention et respirez dans votre cœur pour l'infuser et qu'elle vous guide pour vous accorder avec elle, au mieux, à ce moment-là.

Version 2

Imaginez trois (ou plus si vous avez le temps) grandes étapes de votre journée et sentez, ressentez, vivez que chaque étape est vécue en résonnance avec ces préceptes.

Si vous avez des appréhensions sur certains rendez-vous, certaines rencontres ou situations, focalisez-vous sur ces moments pour vous « conditionner » à les vivre en accord avec les préceptes.

Version 3

Après avoir pratiqué plusieurs fois ces versions, seule manière de savoir si elles vous correspondent, pourquoi ne pas laisser advenir d'autres versions de ces méditations qui seraient vos créations : il y a mille façons de pratiquer, plus vous vous les appropriez, plus elles seront puissantes. Permettez que votre pratique s'ajuste chaque jour à votre énergie/élan/désir du moment.

MÉDITATION DU SOIR

En fin de journée, la pratique des préceptes peut servir de bilan et de nettoyage pour la remercier, la laisser filer et accueillir la suivante.

DÉROULEMENT

Après avoir mis votre corps en mobilité, posez-vous sur votre siège dans la position qui vous est confortable.

Gassho et intention :

« J'accueille où j'en suis aujourd'hui. »

Fermez les yeux. Prenez trois respirations profondes dans le ventre. Détendez vos épaules et vos mâchoires.

Prenez un temps pour ralentir votre souffle, allez au bout de votre inspire et au bout de votre expire.

Prenez au moins trois respirations et laissez votre corps se déposer sur le siège un peu plus à chaque expire.

CHOISISSEZ la position de témoin bienveillant·e, la conscience qui accueille tout sans jugement.

Puis respirez avec chaque précepte pendant trois à cinq minutes et observez si certaines situations vous ont permis d'expérimenter tel ou tel précepte aujourd'hui et de quelle(s) façon(s). Quel éclairage cela vous donne-t-il pour faire un bilan de votre journée ?

Terminez en respirant avec le précepte de la compassion pour faciliter un accueil dans la conscience (donc sans jugement).

Reprenez trois respirations profondes dans le ventre. Détendez vos épaules et vos mâchoires. Remettez un peu de mouvement dans vos pieds, dans vos mains et revenez dans l'ici et maintenant.

Gassho :

« Je me remercie pour cette pratique. Je reconnais un peu plus la part lumineuse en moi et je laisse mon autoguérison se mettre en place. »

EN CAS DE DOULEURS PHYSIQUES

Les méditations avec les préceptes nous aident avec nos pensées et nos émotions mais pas seulement : quand notre corps physique est affecté (douleurs, maladies...), c'est que notre énergie l'est également. Aussi est-il bon d'aller « respirer » avec les préceptes dans nos douleurs. Allez savoir quelles colères, quels soucis, manques de gratitude, manques d'authenticité et de compassion sont allés se loger, se cristalliser dans votre corps, prenant maintenant la forme de symptômes !

L'idée n'est pas d'investiguer avec le mental et de comprendre forcément ce qui est en jeu. La méditation ci-dessous vous invite à vous relier à la sagesse et à l'énergie des préceptes pour venir libérer ce qui peut l'être en faisant confiance que l'énergie ira exactement là où il y a besoin.

Là encore, la seule manière de saisir vraiment ce que je vous propose est de l'expérimenter et, si possible, plusieurs fois. Nous n'attendrions jamais d'un traitement qu'il agisse à la première prise de médicaments, pourtant nous exigeons parfois des miracles après dix minutes de méditation. Donnons-nous les moyens d'entrer en rapport avec nos ressources profondes, insoupçonnées car non contactées et non utilisées.

DÉROULEMENT

Après avoir mis votre corps en mobilité (si c'est nécessaire), déposez-vous sur votre siège dans la position qui vous est confortable aujourd'hui.

Gassho et intention :

« Je me relie à mon ESSENCE à travers la sagesse des préceptes et je laisse leur énergie infuser dans mon corps pour m'aider dans mon AUTOGUÉRISON. »

Fermez les yeux. Prenez trois respirations profondes dans le ventre. Détendez vos épaules et vos mâchoires.

Prenez un temps pour ralentir votre souffle, allez au bout de votre inspire et au bout de votre expire.

Prenez au moins trois respirations ainsi et laissez votre corps se déposer complètement sur le siège un peu plus à chaque expire.

Puis respirez avec chacun des préceptes (au moins deux-trois minutes chacun) dans la zone du corps qui est douloureuse. Vous sentirez le laps de temps juste pour chaque précepte, peut-être aurez-vous besoin de passer plus ou moins de temps sur certains. Écoutez-vous. Vous savez car c'est votre moi divin qui est en action. Il SAIT ce dont vous avez besoin même si vous n'en avez pas conscience. Ayez confiance en la puissance de votre intention.

Restez quelques instants avec la vibration de ces mots dans votre corps. Vous pouvez vous les répéter intérieurement (ou à haute voix) comme s'ils imprégnaient toutes vos cellules.

Par votre respiration et votre intention, vous amenez l'énergie de guérison dans la zone douloureuse. Vous pouvez imaginer qu'à l'expire ce qui est prêt à être libéré s'en va dans le sol, est confié à la Terre-Mère, qui sait comment recycler ces énergies usées et les transformer en terreau pour une renaissance de votre corps à sa lumière originelle.

Si vous éprouvez le besoin de revenir sur un précepte, c'est possible.

Quand vous sentez que c'est plus léger, peut-être un peu moins douloureux, vous pouvez clore la pratique.

Gassho :

« Je me remercie pour cette pratique grâce à laquelle je reconnais un peu plus la part lumineuse/divine en moi et je laisse mon autoguérison se mettre en place. »

AUTRES AUTOSOINS ET PRATIQUES AVEC LES PRÉCEPTES

■ Visualisation

Les bénéfices de la visualisation sont :

- de nous aider à focaliser sur autre chose que ce qui nous met en colère ou nous cause du souci ;
- d'améliorer notre concentration et notre capacité à rester présent·e·s, influant donc sur la qualité de notre énergie vitale.

« Visualiser » est un terme qui peut être trompeur : nul besoin de « voir », il suffit d'imaginer ou de ressentir que « l'image », la « situation » est là. C'est moins « voir » avec nos yeux que percevoir avec nos sens et parfois au-delà de nos sens, c'est-à-dire sans que nous ayons forcément un ressenti cognitif.

Selon les personnes, le ressenti sera plus développé, pour d'autres ce sera le visuel, d'autres encore seront sensibles aux sons ou aux odeurs. D'autres auront la clair-connaissance que cela est en train de se faire, sans trop comprendre ni pourquoi ni comment. C'est pourquoi je propose plusieurs formes de pratique.

Pour vous aider à ancrer la vôtre, vous pouvez intégrer les visualisations suggérées plus bas dans le déroulement indiqué ci-dessous, qui suit toujours le même schéma.

DÉROULEMENT

Gassho et intention :

« Je suis et j'incarne [tel précepte] aujourd'hui. »

Fermez les yeux.

Prenez trois respirations profondes dans le ventre. Détendez vos épaules et vos mâchoires.

Prenez un temps pour ralentir votre souffle, allez au bout de votre inspire et au bout de votre expire.

Prenez au moins trois respirations ainsi et laissez votre corps se déposer complètement sur le siège un peu plus à chaque expire.

Effectuez la visualisation de votre choix parmi les trois proposées plus bas (visualisation 1 « Miroir, mon beau miroir » ; visualisation 2 « Le dialogue intérieur entre le "petit moi" et le "grand moi" » ; visualisation 3 « La sphère lumineuse »).

Reprenez trois respirations profondes dans le ventre. Détendez vos épaules et vos mâchoires. Remettez un peu de mouvement dans vos pieds, dans vos mains et revenez dans l'ici et maintenant.

Gassho :

« Je me remercie pour cette pratique. Je reconnais un peu plus la part [de non-colère, de non-souci, d'humilité, de gratitude, d'authenticité, de compassion] que je suis aujourd'hui. »

■ Visualisation 1 : « Miroir, mon beau miroir »

Imaginez en face de vous, comme dans un miroir, la version de vous qui est la non-colère (ou le non-souci, l'humilité, la gratitude, l'authenticité, la compassion – au choix), observez-la, laissez-vous percevoir comment elle est : son apparence, sa posture, les traits de son visage, comment l'énergie semble circuler en elle, la couleur qu'elle émane, les éventuels sons ou odeurs associés.

Quand vous l'avez bien observée, demandez-lui de faire un pas vers vous et faites un pas vers elle pour fusionner (cela se fait mentalement mais si vous avez envie de pratiquer debout et de faire un pas, libre à vous). Laissez la partie divine en vous fusionner avec la partie humaine pour vous permettre d'« accorder » votre instrument et vous (re)mettre dans la bonne vibration, la vibration de votre « grande lumière brillante ».

Restez jusqu'à ce que vous sentiez que vous ÊTES [la non-colère/le non-souci, etc. selon le précepte choisi] possible pour vous aujourd'hui.

■ Visualisation 2 : le dialogue intérieur entre le « petit moi » et le « grand moi »

En pratiquant la 1ère visualisation, il peut arriver que ce soit la partie de nous qui est en colère (ou se fait du souci/manque d'humilité/gratitude/authenticité/compassion, etc.) qui apparaisse dans le miroir (au lieu de notre non-colère, de notre non-souci, etc.). Pas de jugement, accueillez-la et profitez-en pour dialoguer avec elle (pourquoi pas à haute voix).

Puis, vous pouvez demander qu'apparaisse la partie « non-colère » (ou non-souci/pleine d'humilité/de gratitude/d'authenticité/de compassion) à côté pour qu'elles dialoguent ensemble. Visualiser ce dialogue aide à prendre de la distance, à se désidentifier.

Ouvrir un espace de discussion entre ces deux « personnages » qui sont des parties de vous va faire ressurgir l'esprit ludique de l'enfant en vous qui imaginait des dialogues entre ses jouets. C'est une façon légère et douce pour les accepter plus facilement. Là encore, le soulagement est permis par l'accueil inconditionnel de toutes les parts de vous et votre choix de les aimer, même quand c'est difficile.

■ Visualisation 3 : la sphère lumineuse

Identifiez le précepte avec lequel il serait judicieux pour vous de pratiquer aujourd'hui.

Puis demandez à votre moi authentique de vous guider : quelle couleur symbolise pour vous le mieux ce précepte ?

Quand vous avez la couleur (ne réfléchissez pas trop, la première qui vient est la bonne), visualisez une sphère lumineuse, grosse comme une pastèque, de la couleur en question devant vous : elle symbolise la non-colère/le non-souci, etc. selon le précepte choisi.

Faites grossir la sphère jusqu'à ce qu'elle soit aussi grande que vous. Quand c'est le cas, demandez-lui de fusionner avec vous et de vous enseigner sa sagesse vibratoirement.

Restez ici sans chercher à faire quoi que ce soit. Concentrez-vous sur votre inspire et votre expire et laissez faire.

■ Le toucher : nos mains, notre corps au service de nos pensées

Avec le même type d'inductions que vues plus haut.

Après avoir identifié le précepte sur lequel vous avez besoin de travailler, imaginez la partie de vous qui a du mal à être la non-colère/le non-souci, etc. comme une sphère lumineuse de la taille d'une orange et placez-la (mentalement) entre vos mains.

Posez l'intention que vos mains de lumière, reliées à l'énergie de votre cœur, fassent un soin à cette part de vous qui en a besoin.

Il est possible que vous ressentiez des picotements, de la chaleur ou rien du tout, ayez confiance que cela opère par votre intention.

Laissez faire. Concentrez-vous sur votre inspire et votre expire jusqu'à ce que vous sentiez que le soin a opéré.

EXERCER VOTRE CRÉATIVITÉ AVEC LES PRÉCEPTES

■ Écriture

L'art de la plume est très bénéfique, il permet :

- de mettre à distance ce qui nous affecte, donc nous aide à nous désidentifier de notre ego ;
- d'ancrer l'énergie que nous choisissons de nourrir dans la matière *via* l'écriture.

Toutes les visualisations et pratiques vues plus haut peuvent être adaptées à l'écriture :

- vous pouvez faire dialoguer la partie en colère et reformuler vos vrais besoins ;
- vous pouvez écrire une lettre d'amour à la partie en colère/qui se fait du souci, etc. ;
- vous pouvez écrire un conte, un poème qui met en scène ce que vous ressentez.

Tout cela permet de remettre en mouvement l'énergie du hara, centre énergétique de la créativité. Vous rejoignez ainsi à nouveau le mouvement de la vie.

■ Dessin

L'art du dessin a les mêmes bénéfices que celui de la plume :

- vous pouvez dessiner la partie en colère ou la non-colère et en faire un support de méditation et de soutien ;
- vous pouvez demander à votre ego de dessiner une part de vous ou de votre conjoint·e ; ça peut être assez drôle et instructif à la fois ;
- vous pouvez demander à votre être authentique de dessiner une part de vous ou de votre conjoint·e et comparer ce que le point de vue de l'un·e et l'autre met en exergue.

Mettre en beauté ce qui nous plombe est un outil alchimique très puissant.

■ Chant : le pouvoir des sons et de la vibration des mots

L'enjeu n'est pas de « bien » chanter mais de faire résonner votre instrument, votre corps, avec la vibration de ces mots qui sont chantés depuis une centaine d'années. C'est très puissant de se connecter ainsi à cet égrégore d'humanité.

Je suggère de bien surarticuler et de chanter en inspirant bien dans le hara (dans le ventre) pour favoriser votre ancrage et ne pas vous faire mal aux cordes vocales. C'est tout le corps qui chante ainsi et non seulement le système oto-laryngé.

Inutile de comprendre le japonais (même si vous savez ce que signifient ces mots désormais !) : le chant des préceptes comme des mantras permet de cultiver l'état de présence. En effet, difficile de penser à autre chose si vous voulez bien mobiliser votre souffle, votre corps et votre respiration.

C'est une de mes pratiques préférées quand mon mental est très actif.

Kyo dake wa

Ikaru na

Shinpai suna

Kansha shite

Gyo o hageme

Hito ni shinsetsu ni

CONCLUSION

Ainsi s'achève ma partie, c'est désormais à votre tour de jouer.

Même si la première étape est de saisir avec précision la philosophie de Mikao Usui pour avoir une pratique alignée et correcte, la seconde est de vous l'approprier pleinement et de l'intégrer dans votre vie quotidienne.

Peu à peu, les préceptes ne seront plus des méditations à FAIRE quelques minutes/heures dans la journée, mais un état d'esprit à incarner dans tous les domaines de votre vie, une manière d'ÊTRE qui rayonnera dans toutes vos pensées, toutes vos paroles et toutes vos actions.

Pour apprendre à nager, vous ne vous contentez pas de lire des manuels sur le sujet, vous plongez et vous le faites régulièrement et assidument. Il en va de même avec les préceptes.

Je suis profondément reconnaissante d'avoir pu partager avec vous ma compréhension et ma pratique personnelle des préceptes.

J'ai veillé à vous transmettre tous les éléments (astuces, anecdotes, contes, etc.) qui m'ont permis de poursuivre avec persévérance quand j'avais des doutes ou que j'avais du mal à être assidue ou à rester concentrée : certains reçus lors des nombreux stages que j'ai suivis, d'autres que j'ai créés pour m'approprier les préceptes dans mon quotidien, approfondir ma propre pratique et transmettre au plus juste à mes étudiant·e·s lorsque j'enseigne la voie japonaise du Reiki.

CE LIVRE VOUS GUIDE DANS VOTRE EXPÉRIMENTATION, VOUS DONNE DES PRATIQUES CONCRÈTES ET ACCESSIBLES POUR PRENDRE SOIN DE VOTRE ÉNERGIE DONC DE VOTRE BIEN-ÊTRE ET DE VOTRE SANTÉ.

Il vous rappelle à votre RESPONSABILITÉ, vous seul·e pouvez transformer votre état d'esprit et veiller à l'équilibre de votre énergie vitale, et plus encore à votre POUVOIR personnel : vous êtes des êtres souverains et avez la puissance intérieure pour vibrer la « grande lumière brillante » que vous êtes.

Vos alliées sont la pratique, la persévérance, la patience et... la compassion qui est amour inconditionnel en action.

J'ESPÈRE QUE LA PRATIQUE DES PRÉCEPTES TRANSFORMERA VOTRE VIE COMME ELLE L'A FAIT AVEC LA MIENNE.

Si vous souhaitez aller plus loin encore dans la découverte de la voie japonaise du Reiki (je vous rappelle que les préceptes sont les fondations mais que quatre autres piliers s'y ajoutent, méditation, symboles et mantras, soins et autosoins, Reiju, constituant l'enseignement global transmis par Mikao Usui), je vous invite à lire *La Voie du Reiki* de Frans Stiene, aux éditions du Chariot d'Or.

Vous pourriez également avoir envie d'approfondir votre connaissance et votre pratique du Reiki en suivant une formation.

Dans la lignée dont je suis issue, elle se fait forcément en présentiel et se décompose en trois degrés. Vous pouvez très bien vous en tenir au premier selon vos besoins et envies. Pour autant, s'il n'y a pas d'obligation de vivre les trois degrés, il vous faut, en revanche, les suivre dans l'ordre.

Le degré 1 est nommé *Shoden* qui veut dire « débutant » : il vous amène à faire vos premiers pas dans la découverte de ce système avec plusieurs initiations. Vous y apprenez à prendre soin de votre énergie à travers des méditations guidées et des autosoins. Vous commencez à découvrir les bases du traitement pour autrui (dans un cadre privé). Il se déroule en deux jours.

Le degré 2 est nommé *Okuden* : il permet d'approfondir la pratique en vous rappelant votre lien avec les énergies de la terre, du ciel et de l'univers tout entier afin de vivre l'expérience de l'interconnexion : que ce ne soit plus de la théorie mais du vécu. Cela passe notamment par des pratiques avec des mantras et symboles pour favoriser votre reliance au fait que nous sommes Un. Vous y apprenez à faire des soins hors temps hors espace dits parfois « à distance ». Il est indispensable pour qui envisagerait d'exercer professionnellement. Il se déroule sur deux journées également.

Le degré 3 est nommé *Shinpiden* : il permet d'aller encore un peu plus loin dans la compréhension du système et dans la redécouverte de votre nature véritable, de votre moi authentique, de votre « grande lumière brillante ». Il est le dernier degré mais cela ne signifie pas que la pratique s'arrête là : ce n'est qu'une étape, le commencement d'un travail d'étude et d'application qui dure toute une vie. Vous y apprenez à faire des initiations. Quand vous aurez suffisamment pratiqué vous-même et intégré la philosophie du Reiki à votre vie quotidienne, si vous en sentez l'appel, il est une porte d'entrée pour transmettre à votre tour. Pour autant, ce n'est pas le but de *Shinpiden* en soi. Ce degré, comme tous les autres, se concentre avant tout sur le développement spirituel PERSONNEL.

« L'initiation est juste la première étape qui va changer la vie de l'étudiant·e car, ce qui est important, c'est la pratique. Souvenez-vous que la méthode Reiki a à voir avec la TRANSMISSION DU POUVOIR À SOI-MÊME. Plus l'étudiant·e travaille sur lui·elle-même, plus les méridiens vont se clarifier et plus sa vie sera saine et calme ».

Bronwen et Frans Stiene, in *Reiki, le livre source*, 2007.

Rejoindre un groupe de pratique et s'initier en présentiel est la façon la plus joyeuse et dynamique de progresser car le fait d'être en collectif et d'avoir un·e maître-enseignant·e pour vous guider est profondément soutenant et vivifiant.

Ce livre est une première étape : il vous donne des clés, à vous de voir quelles portes elles ouvrent et quels chemins vous avez envie d'emprunter.

Je vous souhaite de belles retrouvailles avec l'être lumineux que vous êtes et un ré-empouvoirement des plus doux et des plus puissants.

REMERCIEMENTS

Je tiens à remercier Kathryn Hudson et Frans Stiene, mes maîtres-enseignant·e·s pour leurs enseignements précieux. Merci à Frans d'incarner avec autant d'humour, de générosité et de congruence l'esprit de la voie japonaise du Reiki.

Je remercie Thierry Gaudin pour sa relecture précieuse et ses encouragements ainsi que tout le soutien qu'il a pu me témoigner toutes ces années, depuis que j'ai osé à mon tour faire des soins et transmettre le Reiki. Il est un membre précieux de ma famille de cœur et le 4e précepte est vraiment facile à honorer avec lui : gratitude.

Je remercie les personnes qui me font la joie et l'honneur de participer à mes formations : elles m'encouragent à poursuivre et à approfondir ma propre pratique, elles m'enseignent à travers leurs questionnements, elles m'aident à garder vivants ces enseignements sages et précieux : je suis honorée de la confiance qu'elles m'accordent.

Je remercie la fée Béatrice Capelle de m'avoir mise en relation avec mon éditrice.

Je remercie enfin toute l'équipe des éditions du Lotus et l'éléphant : Séverine Corson, Pauline Ferlay, Bleuenn Jaffres, Mathilde Battini et Anne-Laure Soyez... pour leur confiance, leurs relectures judicieuses et leur contribution à cet ouvrage.

Imprimé en avril 2025
par CPI Bussière (Saint-Amand Montrond, Cher)
N° d'impression : 2084287